Vérités et mensonges de nos émotions

Serge Tisseron

Vérités et mensonges de nos émotions

Albin Michel

Introduction

Parler de « vérité » au sujet de nos émotions n'étonnera personne. Elles sont aujourd'hui partout valorisées, même si cela n'a pas toujours été le cas, loin s'en faut. Pendant longtemps, ce sont leurs inconvénients qui ont paru l'emporter. Bien sûr, il y avait des écrivains pour faire d'elles le guide indispensable de nos vies, comme le montre la lecture de Sophocle, de Shakespeare ou de Racine. Mais ce point de vue restait cantonné à la littérature et la plupart de ceux qui se penchaient sur nos émotions y voyaient plutôt un sous-produit des opérations de l'esprit, voire une faiblesse ou même un désordre[1].

Tout cela a bien changé. Entre raison et émotions, la cause semble définitivement entendue : jamais l'une sans les autres ! En mobilisant nos capacités de penser et d'agir, nos émotions sont aussi indispensables à nos vies que l'air que nous respirons ou que les relations qui nourrissent nos échanges quotidiens. Leur rôle est également souligné dans

---

1. Comme en témoigne Sartre, J.-P. (1938), *Esquisse d'une théorie des émotions*, Paris, Hermann, 1960.

les processus d'apprentissage et la construction de la pensée logique[1]. Bref, plus personne ne pense qu'elles puissent être un danger. Du coup, le pas qui mène à les encenser partout est parfois vite franchi... C'est ainsi que les théories psychologiques qui font une place royale à nos états d'âme connaissent un franc succès[2]. Il nous est conseillé de « sentir » ce que nous faisons, de cultiver notre sensibilité et de partir à la rencontre des trésors émotionnels qui seraient enfouis en chacun de nous. Faute d'une boussole qui indiquerait la bonne direction pour tous, certains plébiscitent leurs petites vibrations intimes : à défaut d'y trouver le chemin du monde, ils espèrent au moins y découvrir celui de leur vérité personnelle...

Le problème dont nous allons débattre ne concerne toutefois pas ces excès, bien compréhensibles compte tenu de la crise de repères que nous traversons. Il est plus sournois, et aussi plus grave. Nombre de ces émotions que nous prétendons instaurer en guides de nos vies ne sont en réalité pas les nôtres. Mais comme rien ne nous permet de les distinguer de celles auxquelles nous donnons personnellement naissance, nous sommes tentés de leur accorder le même crédit ! Le risque est alors d'obéir à notre insu à un étranger abusivement installé sous notre toit... au moment où nous croyons justement suivre un penchant personnel.

Cette confusion s'installe dès la naissance. Lorsque nous

---

1. Damasio, A., *L'Erreur de Descartes*, Paris, Odile Jacob, 1995 ; Vincent, J.-D., *Le Cœur des autres, une biologie de la compassion*, Paris, Plon, 2003.

2. Comme le montrent les nombreuses variétés de thérapies « émotionnelles » actuellement proposées sur le marché. La rubrique « Petites annonces » du mensuel *Psychologies Magazine* est à ce titre très instructive.

sommes bébés, nous ne savons pas quelle valeur attribuer à nos premières expériences du monde, alors nous « calons » nos émotions sur celles des adultes avec lesquels nous avons un lien privilégié [1]. C'est ainsi que nous apprenons à ne pas nous inquiéter de ce qui laisse nos parents indifférents, à fuir ce qui les inquiète et à nous rendre curieux de ce qui les intéresse. En même temps, nous développons des mimiques et des intonations calquées sur celles des adultes qui nous entourent. Elles nous accompagneront ensuite toute notre vie, car loin de rendre les émotions inutiles, la parole contribue à les rendre plus indispensables encore : le squelette du langage ne se passe jamais de la chair des émotions !

Mais cet apprentissage n'a pas seulement pour conséquence de préparer notre insertion dans le monde. Il nous incite aussi à privilégier, à notre insu, les réactions émotionnelles les plus personnelles de notre entourage. En effet, si les diverses attitudes d'un parent étaient toujours parfaitement adaptées aux situations auxquelles il est exposé, les choses seraient simples. L'enfant développerait une réaction elle aussi adaptée à chacune des situations qu'il partage avec l'adulte en calant ses émotions sur celles que lui montre celui-ci. Mais voilà, le problème est que la réponse d'un être humain à une situation ne dépend jamais seulement de celle-ci, mais aussi de son histoire – qu'il s'en souvienne ou qu'il l'ait oubliée –, de son humeur du moment et d'une multitude d'autres facteurs.

Prenons l'exemple d'une mère qui sourit à son bébé.

---

1. Trevarthen, C., « Learning about ourselves, from children : with a growing human brain needs interesting companions », *Research and Clinical Centre for Child Development, Annual Report 2002-2003*, n° 26, p. 9-44.

Elle croit soudain reconnaître sur son visage une expression de son propre frère qui a abusé d'elle dans son enfance, et elle s'assombrit. Sa mimique de plaisir fait alors brutalement place à une attitude angoissée et apeurée. L'enfant reçoit ce message comme s'il le concernait personnellement et s'en angoisse à son tour. Si ce quiproquo reste isolé, il est bien entendu sans conséquences. Mais lorsqu'une expérience pénible accapare un parent, elle s'impose souvent à lui de façon récurrente dans les échanges qu'il développe avec sa progéniture. Et celle-ci peut se trouver ainsi véritablement « prise en otage » par des expériences passées de l'un ou l'autre de ses parents dont il ignore pourtant tout. C'est pourquoi les interactions émotionnelles ne sont pas seulement le socle sur lequel se construisent les expériences et les attentes partagées. Elles sont aussi le lieu de tous les malentendus. Les enfants croient toujours que les émotions manifestées par leurs parents les concernent alors qu'elles correspondent souvent à des situations inconnues d'eux, et leur perception d'eux-mêmes peut s'en trouver brouillée pour la vie. C'est ainsi qu'un adulte confronté dans son enfance à un parent déprimé peut se croire sans valeur aux yeux du monde, et un autre se trouver régulièrement envahi de tristesse sans savoir pourquoi alors même que sa vie est réussie.

Nous verrons qu'il existe beaucoup d'autres situations qui contribuent à nous faire croire « personnelles » des émotions en réalité étrangères à notre personnalité. Mais elles ont toutes un point commun : les émotions que nous y éprouvons sont comparables à ces tyrans de l'Antiquité qui étendaient leur mainmise sur une ville ou un peuple. Leur pouvoir était usurpé, mais chacun était invité à l'oublier. De la même manière, ces émotions ne cessent jamais de s'imposer à nous avec toutes les apparences de la légitimité.

Notre vie émotionnelle est ainsi tissée à tout moment avec deux brins : l'un témoigne de nos expériences propres du monde, l'autre de situations relationnelles dont nous avons souvent oublié l'origine. Elle obéit en cela à une logique proche de celle de nos gènes : d'un côté, ceux-ci recèlent la mémoire biologique de nos ascendants, mais d'un autre côté, ils reçoivent à tout moment des inhibitions ou des activations qui ne doivent rien à nos ancêtres et tout à notre vie actuelle. Nous devons apprendre à considérer les émotions de la même façon, mais en partant du point de vue opposé. Nous avons pris l'habitude de les voir uniquement comme le reflet de notre vie psychique propre, il nous faut maintenant nous familiariser avec l'idée qu'elles témoignent également, à notre insu, de notre rapport aux générations précédentes.

Enfin, ces deux brins n'évoluent pas de la même manière. Celui qui correspond à nos expériences personnelles du monde se remanie sans cesse, tandis que l'autre nous impose des répétitions tyranniques. Soumis à leur influence, certains d'entre nous s'enflamment, pleurent ou se dépriment sans savoir pourquoi, voire soumettent leurs proches à des colères inattendues et inexplicables. D'autres sont envahis de rêveries ou de pensées effrayantes qui leur font imaginer qu'ils ont été victimes de sévices terribles dans leur petite enfance. Enfin, quelques-uns souffrent de véritables dédoublements de personnalité : ils sont respectés et appréciés, mais ont pourtant l'impression de s'être rendus coupables d'actes abominables dont ils ne parviennent pas à se souvenir. C'est qu'une émotion étrangère à notre histoire peut diriger notre humeur, nos comportements et nos paroles sans que nous n'en sachions rien, un peu comme un virus informatique prend le contrôle d'un ordinateur à l'insu de son propriétaire légitime.

Apprendre à repérer de telles émotions, et à nous en libérer, est le but de ce livre.

Chapitre 1

Des émotions partagées aux émotions retirées

Pauline a fait une tentative de suicide à l'âge de quatorze ans. Ses parents sont séparés et elle vit seule avec sa mère. Celle-ci me parle des difficultés éducatives qu'elle rencontre avec sa fille. Son ton est neutre, presque froid. On pourrait croire qu'elle a pris beaucoup de distance par rapport à tout cela, mais est-ce vraiment le cas ? Son ancien compagnon, assis près d'elle, ne manifeste pas non plus de sentiment particulier. Quant à Pauline, elle garde le visage baissé, mais toutes les émotions du monde semblent s'y être donné rendez-vous. Bien qu'elle paraisse ne rien écouter, les mouvements de son visage montrent l'extraordinaire attention qu'elle porte à tout ce qui se dit. En fait, elle semble ressentir les émotions que sa mère n'éprouve pas. Par exemple, quand celle-ci dit le refus que sa fille lui oppose souvent de manger avec elle, l'adolescente n'exprime pas l'opposition, mais la déception. Et lorsqu'en réponse à une question de ma part, la mère évoque une dépression qu'elle a faite par le passé, le visage de Pauline traduit un intense désarroi. Cette mère a en effet traversé, dix ans auparavant, une crise dépressive grave liée, dit-elle, à une enfance difficile dont elle préfère ne pas parler. C'est

« maintenant bien fini », assure-t-elle, et elle a « trouvé son équilibre ». Cela paraît vrai.

Mais Pauline, capable de mettre en scène pendant l'entretien des émotions que sa mère ne montre pas, n'aurait-elle pas fait de même avec la dépression de celle-ci ? C'est souvent ce qui se passe. Il n'est pas rare que, dans une famille, certaines émotions se retirent d'une personne au moment où elles en envahissent une autre. Et Pauline, comme le montra la suite de sa psychothérapie, avait bien débarrassé sa mère de sa dépression en la reprenant à son compte ! Mais comment donc cela est-il possible ? Comment cette adolescente avait-elle pu se constituer en miroir vibrant – mais muet – des émotions que sa mère évoquait dans son discours sans manifestement les éprouver ? Pour le comprendre, revenons aux origines de la vie émotionnelle.

Mon bébé s'inquiète des mêmes choses que moi

Cela débute très tôt, bien avant le langage, pratiquement dès la naissance. Le bébé n'a pas de mots pour dire ses émotions sans pour autant cesser d'en manifester. D'abord, cela se fait par imitation de celles de son entourage. Par exemple, un bébé qui tombe en apprenant à marcher ne pleure pas spontanément. Il montre d'abord de la surprise, puis cherche à deviner sur le visage de sa mère ce qu'elle ressent et aligne ses émotions sur les siennes [1]. Si la mère

1. Emde, R.N. et Sorce, J.E., « The rewards of infancy : Emotional availability and maternal referencing », *In* J.-D. Call, E. Galenson et Tyson (Eds), *Frontiers of Infant Psychiatry*, vol. 2, New York, Basic Books, 1983.

manifeste de l'inquiétude, il se met à pleurer, mais si au contraire elle sourit, il sourit à son tour. De la même façon, un bruit violent provoque chez un bébé une mimique étonnée et inquiète qui évolue en peur si c'est ce que l'adulte lui semble éprouver, et en rire si l'adulte lui parle tranquillement. Autrement dit, le bébé a la capacité innée de capter les états émotionnels de ceux qui l'entourent et de se les approprier. Très vite, cette intériorisation lui permet de prendre des initiatives. Il sourit ou s'inquiète d'une manière qui crée entre son entourage et lui une première forme de réciprocité. Dans tous les autres domaines – qu'il s'agisse de nourriture, de déplacements ou de propreté –, un bébé est totalement dépendant des adultes qui veillent sur lui. À tel point que les émotions deviennent une sorte de monnaie d'échange entre le nourrisson et sa mère : elle lui donne tout ce dont il a besoin et, en contrepartie, il la gratifie du cadeau de ses émotions [1].

Mais que faut-il entendre par ce mot : « émotions » ? Les neurobiologistes les définissent comme l'aptitude d'être affecté par un événement et d'y réagir. Par exemple, la rétraction de la paramécie sous l'effet d'un contact est une émotion parce qu'elle constitue un « ensemble de réponses réflexes bien orchestrées [2] ». Les philosophes,

1. Hermann, I. (1943), *L'Instinct filial*, Paris, Denoël, 1972.

2. Le sentiment, quant à lui, consisterait dans le fait de se former des représentations de cette émotion, et il est à ce titre partagé par tous les mammifères. Enfin, la « conscience réflexive du sentiment de l'émotion », qui engage la nomination et le partage, est le propre de l'homme, même si certains singes supérieurs pourraient en être partiellement capables (Damasio, A., « L'esprit est modelé par le corps », *La Recherche 368*, octobre 2003, p. 69-72).

quant à eux, réservent le mot « émotions » aux êtres humains, mais rejoignent les biologistes sur un point. À la différence des sentiments qui peuvent être cachés, les émotions s'accompagnent toujours de manifestations visibles, notamment neurovégétatives, telles que pâleur ou rougissement, accélération du rythme respiratoire, palpitations, tremblements, voire agitation ou incapacité de bouger[1].

L'intensité, la durée et la signification de chaque émotion varient ensuite selon les circonstances. Au minimum, il s'agit d'une réponse ponctuelle à un signal donné. À un degré de plus, cette réponse s'accompagne d'une coloration affective perçue comme « agréable » ou « désagréable ». Enfin, cet état peut persister et orienter l'action vers la satisfaction de besoins ou de désirs[2].

Revenons maintenant au bébé. L'attention qu'il met à observer les gestes des adultes qui l'entourent[3], il l'accorde aussi aux émotions qu'il voit se dessiner sur leur visage[4]

1. Lalande, A., *Vocabulaire technique et critique de la philosophie*, Paris, PUF, 1968.

2. Karli, P., « Le cerveau des affects et des émotions », Michaud Y. et coll., *Université de tous les savoirs*, vol. 1, *Qu'est-ce que la vie ?*, Paris, Odile Jacob, 2000.

3. L'imitation est la clé des apprentissages. Cette capacité est liée à l'existence de « neurones en miroir ». Il s'agit de cellules cérébrales qui sont proches des neurones moteurs et qui sont activées chez tout être humain qui en observe un autre en train d'agir. La découverte de ces neurones a permis de comprendre comment le nourrisson peut apprendre certaines actions simplement en observant des adultes en train de les réaliser : son observation active les circuits qui lui permettront de les accomplir ensuite lui-même.

4. Winnicott, D.W. (1971), *Jeu et Réalité*, Paris, Gallimard, 1975.

ou qu'il repère dans la ligne mélodique de leurs paroles. Un bébé a en effet un répertoire phonétique qu'il emploie à bon escient en accompagnant les syllabes dont il dispose d'une intonation interrogative ou agressive selon les circonstances. De la même façon que nos apprentissages comportementaux imitent les actes que nous voyons s'accomplir autour de nous, nos apprentissages émotionnels s'organisent donc à partir des manifestations affectives de nos proches. Et les émotions, loin d'être d'emblée « naturelles » ou de refléter la personnalité profonde de celui qui les éprouve, sont d'abord le produit de sa participation émotionnelle à ce que son entourage ressent.

Cet acte de naissance des émotions leur confère évidemment un formidable pouvoir adaptateur. Le bruit d'un avion à réaction qui passe au-dessus de la maison ou l'éclair violent du flash d'un appareil photographique constituent autant d'agressions objectives, mais l'enfant s'y adapte vite quand il voit ses parents en sourire. Dans de telles situations, la manière dont il cale ses réactions émotionnelles sur celles des adultes est adaptée. Mais il arrive aussi que les émotions contribuent, pour la même raison, à des désadaptations graves. C'est le cas lorsque les émotions d'un parent sont déplacées, excessives, voire paradoxales. Le bébé est alors aiguillé sur une fausse route : il y a de bonnes adaptations à l'environnement familial qui sont la matrice de désadaptations sociales ultérieures.

Parfois, un enfant reprend simplement à son compte les émotions inadaptées d'un parent. Ainsi d'un adulte qui s'énerve chaque fois qu'on lui pose une question ou qui affiche un sourire énigmatique et satisfait en toutes circonstances. L'enfant intériorise volontiers ces mimiques et les émotions correspondantes, au risque d'une désadaptation sociale ultérieure. Mais les émotions les plus gravement inadaptées éprouvées par un enfant correspondent à des situations dans lesquelles l'expérience émotionnelle de l'adulte ne correspond à rien de compréhensible pour lui. Il s'agit, par exemple, de situations évoquant une menace sexuelle, que celle-ci soit réelle ou mise en scène dans un spectacle d'images.

Lorsqu'un adulte éprouve des émotions, des sentiments et des états du corps en relation avec de telles représentations, l'enfant s'aligne sur elles bien que cela ne corresponde à aucune expérience qu'il ait pu faire dans la réalité. Il ressent alors de la peur – voire de la terreur –, de la colère, ou encore le sentiment tragique d'être trahi, abandonné ou réduit à l'impuissance. Mais il éprouve tout cela seulement parce que son parent, à côté de lui, l'éprouve, et pas du tout parce qu'il comprend la signification de la situation. Et, comme tout être humain est mû par le désir de comprendre, l'enfant tentera plus tard de mettre en relation cette expérience étrange et inexplicable avec des bribes de mots ou d'images qui l'ont particulièrement impressionné. Ainsi, si la mère de l'enfant éprouve de telles émotions en passant devant une certaine maison où elle a vécu un traumatisme sexuel, l'enfant qui l'accompagne sera tenté de rapporter les angoisses qu'il éprouve à ce moment-là, dans la proximité où il est d'elle, aux sculptures qui ornent la façade, à la couleur de celle-ci, au nom de la rue, à ce que ce nom lui évoque phonétiquement ou à d'autres choses encore. C'est le même mécanisme si le parent éprouve ces angoisses en regardant une émission de télévision qui lui rappelle un souvenir pénible inconnu de l'enfant.

De telles confusions sont évidemment la source de quiproquos considérables. Mais avant de les examiner, revenons à ce qui se passe lorsque ce premier dialogue émotionnel s'établit mal et que l'enfant craint à tout moment de perdre son interlocuteur.

Les bébés météorologistes

L'inquiétude d'être brutalement privés d'un partenaire émotionnel se rencontre chez certains enfants qu'on a qualifiés pour cela de « météorologistes [1] ». Il s'agit de bébés qui scrutent sans cesse le visage de leur mère pour prévoir son humeur, un peu comme nous observons le ciel pour anticiper le temps qu'il fera. En fait, il s'agit d'enfants tôt confrontés à des mères capables de se déprimer gravement et brutalement. Tout se passe comme si l'enfant se faisait le raisonnement suivant : « Dès que le visage de ma mère se figera, mes propres besoins émotionnels devront s'effacer parce qu'elle deviendra incapable d'y répondre. »

Des expériences menées depuis une dizaine d'années ont confirmé cette intuition en étudiant les réactions d'un enfant confronté à un parent dont le visage se fige comme s'il était accaparé par des pensées pénibles. Passé un premier moment de panique, l'enfant cherche souvent à rétablir le contact. Cela se fait par des mimiques et des gazouillis chez les plus jeunes, et des phrases comme « Qu'est-ce qui se passe, tu es malade ? », « Ça ne va pas ? », ou encore « Reviens » chez des enfants plus grands. Dans un second temps, ces enfants adoptent l'une ou l'autre attitude parmi trois possibles. Certains se détournent

1. Winnicott, D.W., *op. cit.*

de leur parent accaparé dans ses pensées et s'investissent ailleurs, d'autres tentent de le ranimer à tout prix, et d'autres encore manifestent des signes de tristesse ou de désarroi. Dans tous les cas, aussitôt que le parent reprend un comportement de communication normal, l'enfant a besoin d'un peu de temps pour accepter la nouvelle donne. Il n'est évidemment pas question de pousser plus loin ces expérimentations, mais on peut facilement imaginer ce qui arrive lorsqu'une situation semblable se reproduit dans la réalité : certains enfants ont tendance à développer une attitude de retrait émotionnel [1].

Or c'est exactement ce que l'on constate chez des adolescents et des adultes : ils prennent peu d'initiatives de communication et se replient sur eux-mêmes aussitôt que celles-ci ne sont pas suivies d'effet. Ils sont en même temps d'une extrême sensibilité aux réactions de leurs proches et extraordinairement attentifs à l'état d'esprit de leur interlocuteur. Lorsqu'ils voient un thérapeute, ils ont bien entendu tendance à reproduire cette attitude avec lui. Ils guettent le moindre signe d'acquiescement ou d'indifférence. Que le thérapeute soit un jour fatigué, déprimé ou préoccupé et ils se retirent aussitôt de la relation. Cela se comprend aisément. Ces patients redoutent toujours que leur thérapeute manifeste la même indifférence que jadis leur parent. Ils ne manquent d'ailleurs jamais d'interpréter le moindre signe d'absence émotionnelle de sa part comme une confirmation de leurs craintes et de le dramatiser. Et c'est seulement si leur thérapeute leur manifeste sans cesse attention et présence que ces patients acquièrent la possibilité de s'engager émotionnellement dans la relation.

1. Trevarthen, C., *op. cit.*

Mais toutes les situations d'anesthésie affective ne résultent pas de ce processus. En plein milieu du XXe siècle, en Europe même, des régimes politiques aussi différents que ceux de l'Angleterre et de l'Allemagne avaient décidé de fabriquer des adultes capables de retirer leurs émotions à tout moment.

Tuer les émotions favorise l'obéissance

Voici les conseils que donnait un petit ouvrage destiné aux enseignants des écoles jésuites au début du XXe siècle : « Lorsqu'un enfant se montre indocile, têtu, effronté, et qu'il est encore d'âge à cela, on ne doit pas manquer de le battre avec une bonne verge. S'il est trop avancé en années pour être justifiable d'une peine de la sorte, on lui fera subir une punition aussi sévère et accablante qu'il se pourra, telle que le condamner à prendre seul son dîner sur un tabouret à l'écart avec du pain noir et de l'eau pour toute pitance, en veillant à ce que l'entière maisonnée lui adresse des réprimandes dignes d'un traître ou d'un larron[1]. »

Battre, mais surtout accabler de réprimandes, autrement dit humilier, tels étaient les moyens universels de cette pédagogie. Leur but était de fabriquer des adultes capables d'obéir à des ordres inhumains sans état d'âme, « *perinde ac cadaver* », disait le règlement de la Compagnie de Jésus, c'est-à-dire « comme un cadavre ». Mais pourquoi l'humiliation ? Parce qu'en empêchant la victime d'exprimer sa

1. Cité par Spoto, D., *La Face cachée d'un génie : la vraie vie d'Alfred Hitchcock*, Paris, Albin Michel, 1989.

colère et son sentiment d'injustice, on l'oblige à se couper en deux. Elle ne doit pas seulement apprendre à refouler des désirs dont l'expression lui est interdite, mais s'entraîner à ne rien ressentir de ce qui lui est imposé.

Le mécanisme de défense mis en place pour faire face à ces situations ressemble à une opération de chirurgie psychique instantanée. Les émotions retranchées de la personnalité deviennent subitement étrangères. Nous ne les reconnaissons pas comme nôtres. Nous les regardons de loin, comme si une distance infranchissable nous séparait d'elles. C'est pourquoi la violence physique et l'humiliation sont si souvent associées dans ces punitions. Elles sont complémentaires : la première oblige la victime à se rendre insensible à la douleur physique qui malmène son Moi corporel, tandis que la seconde l'incite à se séparer de la douleur psychique qui menace son Moi mental. Mais, en agissant de la sorte, le but n'est pas seulement d'obtenir cette réaction dans la situation de punition. Il est de pousser l'enfant à l'adopter spontanément dans toutes les situations où il se sentirait menacé. C'est ainsi que ces systèmes produisaient des adultes capables d'obéir sans état d'âme à des ordres qui auraient dû normalement provoquer chez eux une souffrance psychique.

Ces pédagogies [1] étaient évidemment inhumaines, mais parfaitement conformes à leur objectif : fabriquer des personnalités capables de ne s'attendrir sur personne et surtout pas sur elles-mêmes. C'est pourquoi elles ont été pratiquées pendant des siècles et continuent à l'être,

1. Erving Goffman en montre l'importance dans toutes les institutions totalitaires dans son ouvrage *Asiles* (1961), Paris, Éditions de Minuit, 1968.

notamment auprès de tous les soldats du monde... sans parler des cadres de l'industrie et du commerce[1]. Quant au modèle de personnalité qui en résulte, il faut croire qu'il continue à nous séduire. Le cinéma américain l'a célébré dans *Les Sept Mercenaires* avec Yul Brynner, et il en a même produit le héros parfait, un robot ultraperfectionné joué avec succès par Schwarzenegger dans la série des *Terminator*.

C'est que nous avons tous envie, parfois, de ne rien éprouver pour nous protéger, voire pour être plus efficaces. Il peut s'agir d'une rupture sentimentale difficile à annoncer, d'une punition que nos enfants méritent, mais que nous souffrons de devoir leur imposer, ou encore d'une décision professionnelle indispensable, mais qui complique gravement la vie de certains collaborateurs que nous apprécions. L'impassibilité émotionnelle nous paraît d'autant plus enviable que les personnes capables de ne pas ressentir d'émotions pénibles semblent continuer à en éprouver d'agréables. Elles peuvent s'émouvoir en écoutant un morceau de musique, pleurer devant une poésie ou un coucher de soleil, se préoccuper avec gentillesse de leurs proches et s'attendrir devant leurs enfants, mais tout cela ne les empêche pas, si l'occasion se présente, de rester indifférentes aux supplications de ceux qu'elles jettent à la rue... ou qu'elles tuent de leur main ! Tel est le pouvoir du mécanisme psychique que Freud a identifié à la fin de sa vie et qu'il a nommé le « clivage[2] ». Il nous permet de comprendre comment des personnes manifestement civilisées peuvent

1. Christophe Dejours, *Souffrances en France*, Le Seuil, 1998, « Points », 2000.

2. Freud S. (1946), *Abrégé de psychanalyse*, PUF, 1973.

brutalement accomplir des actes barbares et redevenir aussitôt ce qu'elles étaient auparavant. Le clivage permet de traverser certaines situations en agissant de manière mécanique, comme en état d'hypnose, voire de tuer comme s'il s'agissait d'une banalité... La difficulté peut toutefois venir après, car les émotions écartées de la conscience risquent toujours de resurgir.

Le traumatisme génère le retrait émotionnel

Aujourd'hui, en Occident, le retrait émotionnel n'est plus guère le résultat d'une méthode de conditionnement et il se rencontre plutôt comme la conséquence d'un traumatisme.

Chacun peut le constater autour de lui. Une victime d'agression fait parfois le récit de ce qui lui est arrivé comme si cela concernait quelqu'un d'autre. Quand on l'écoute, on est frappé par le fait qu'elle ne manifeste aucune émotion. À la limite, plus le traumatisme a été grave, plus cette anesthésie émotionnelle risque de s'imposer. Il en a été beaucoup question à l'occasion du soixantième anniversaire de la libération des camps de concentration. Un rescapé avait recours à l'image d'une dent dévitalisée[1] : pour lui, les survivants des camps avaient l'apparence des humains, mais ils ne l'étaient plus car quelque chose avait été définitivement tué à l'intérieur d'eux. Après leur libération, ils ont pu travailler, avoir des enfants, s'amuser, mais ils avaient perdu leur sensibilité. Cela ne les a pas empêchés, pour la plupart, de réussir leur

1. Emission sur Arte, jeudi 27 janvier 2005.

vie, notamment dans le domaine professionnel et familial [1], mais toujours au prix d'une grande froideur émotionnelle.

Pour comprendre celle-ci, revenons sur le processus du clivage, et d'abord sur ce que la littérature peut nous en apprendre. Dans sa nouvelle intitulée *Ce qui se passa sur le pont de Owl Creek*, l'écrivain américain Ambrose Bierce évoque les efforts d'un condamné à mort tombé à l'eau pour défaire le lien qui lui attache les poignets. Alors que ses mains font des efforts démesurés pour se libérer, lui semble se contenter d'assister à une sorte de spectacle. « Il concentra son attention sur cette lutte, comme un spectateur oisif pourrait regarder un tour de jongleur sans s'intéresser au résultat. Quel effort splendide ! Quelle force magnifique, surhumaine ! Ah ! l'admirable tentative ! Bravo [2] ! » Un peu plus tard, alors qu'il est parvenu à libérer ses mains, il assiste de la même façon à l'effort de celles-ci pour dénouer le nœud coulant qui lui serre la gorge. La dissociation du héros est poussée si loin qu'il désire même, à un moment, faire un geste pour soulager sa douleur, mais « ses mains désobéissantes ne tiennent pas compte de son ordre » et se mettent à nager pour l'éloigner le plus possible de ses ennemis. Ses sens deviennent en même temps « surnaturellement vifs et subtils ». Il distingue avec une acuité extrême « chaque arbre, chaque feuille avec toutes les nervures, et jusqu'aux insectes qui s'y trouvent ». Cette hypersensibilité ne lui sert à rien pour agir, puisque la seule

1. Comme le montrent les travaux de Segal, J., *Winning Life's Toughest Battles – Roots of Human Resilience*, New York, Mac Grow Hill, 1986 ; ou encore ceux de Anthony, E.J., et Cohler B., *The Invulnerable Child*, New York, Guilford Press, 1987.

2. Ambrose, B., *Ce qui se passa sur le pont de Owl Creek et autres nouvelles*, Paris, Le Livre de Poche, 2004.

activité nécessaire à ce moment-là pour lui est de nager le plus vite possible. Ainsi, d'un côté le héros de cette nouvelle ressent et imagine, tandis que d'un autre, il raisonne et agit. Ces deux parties de lui-même n'ont plus aucun rapport entre elles. C'est cela le clivage.

La Bête dans la jungle

Dans sa nouvelle intitulée *La Bête dans la jungle*, l'écrivain Henry James évoque la situation d'un homme convaincu qu'une catastrophe grave lui arrivera inévitablement. Sa particularité sera de surgir du fond de lui, un peu comme une bête tapie dans la jungle qui attendrait son heure pour bondir et le terrasser. Cet homme, John Marcher, a par ailleurs arrangé sa vie de manière routinière en laissant soigneusement de côté le terrain des émotions. Il ne les reconnaît pas chez lui-même, mais peine également à les identifier chez autrui. C'est ainsi qu'il reste aveugle à l'amour que lui porte une femme malgré tous les efforts qu'elle prodigue pour le lui faire comprendre.

John Marcher présente en fait dans cette nouvelle tous les symptômes d'une personne qui a vécu un traumatisme grave – ou des traumatismes récurrents – à un moment si précoce de son histoire qu'il n'en a gardé aucun souvenir. Sa personnalité s'est partagée en deux. Il a appris à vivre en laissant l'affectif de côté et la « bête » dont il craint le surgissement n'est autre qu'un envahissement émotionnel qui le submergerait. Cet événement a existé dans le passé, mais pour John Marcher, comme l'écrit Henry James : « Ce qui est véritablement arrivé ne s'est pas produit. » À cette formulation, je préférerais : « Ce qui s'est véritablement passé n'est pas encore advenu. » En effet, si l'événement est arrivé dans la réalité, les représentations qui pourraient en rendre compte pour le sujet n'ont pas encore été mises en place.

Ce traumatisme a pu survenir à un âge très précoce. Il correspond à ce que Winnicott a décrit sous le nom de « crainte de l'effondrement [1] ». À un moment très précoce de sa vie, le bébé qui s'est senti lâché par son environnement a été confronté à une catastrophe intérieure. Celle-ci a été vécue, mais non éprouvée, parce que la personnalité du bébé n'avait pas l'outillage psychique pour la ressentir. Ce traumatisme vécu et non éprouvé est une chose énigmatique et terrifiante dont la personnalité cherche ensuite à se protéger en la reléguant dans ses zones obscures. Mais son existence reste connue même si son visage et sa signification sont occultés. Elle existe sous la forme d'une angoisse qui, à défaut d'être rapportée au passé et liée à lui, est projetée dans l'avenir. L'enfant, puis l'adulte qu'il devient, craint d'être terrassé par une force inconnue, voire par une sorte de monstre tapi au fond de lui comme dans la nouvelle de Henry James.

En même temps, l'enfant précocement confronté à un tel traumatisme développe une organisation défensive destinée à le protéger contre le retour d'une telle catastrophe. C'est la seconde caractéristique de la personnalité de John Marcher. Il présente en toutes circonstances un détachement émotionnel défensif qui fait probablement de lui un parfait gentleman adapté à la société victorienne de son époque... mais qui le rend incapable de percevoir le senti-

1. Winnicott, D.W., « La crainte de l'effondrement », *Nouvelle Revue de psychanalyse*, n° 11, Paris, printemps 1975, p. 35-44.

ment amoureux, aussi bien chez lui que chez ceux qui l'entourent. C'est bien compréhensible. L'amour crée un attachement, et John Marcher a toutes les attitudes de quelqu'un qui a vécu précocement un arrachement. Il se protège contre le risque de revivre les affres d'un tel abandon mais, comme il n'a jamais vécu celui-ci en connaissance de cause, il s'en protège sans le savoir.

De telles constructions défensives se révèlent pourtant toujours fragiles. À la fin de la nouvelle, la femme qui a partagé plusieurs années l'existence de John Marcher sans parvenir à lui faire comprendre son affection tombe malade et meurt. La vie de cet homme continue sans changement, jusqu'au jour où il se trouve brutalement confronté à la passion amoureuse qu'il a cherché à fuir. Alors qu'il visite une nouvelle fois la tombe de cette femme, comme poussé par une force dont il ignore le sens, il aperçoit un mari en deuil venu se recueillir sur celle de son épouse. Son malheur est d'entrevoir soudain le visage de cet homme. En le voyant ravagé par la souffrance consécutive à la mort de sa compagne, John Marcher découvre brutalement l'amour qu'il a porté à son insu à son ancienne amie et la solitude terrible où l'a laissé sa mort.

Il comprend alors que l'angoisse d'être abandonné a fait irruption chaque fois que l'amour l'a effleuré. Dès que cette femme a tenté de lui montrer ses sentiments, il a éprouvé le désir de se rapprocher d'elle, mais « la bête a surgi », terrassant son émoi naissant. Maintenant, confronté sans échappatoire possible à la perte irrémédiable de celle qui a été l'amour de sa vie, John Marcher voit clairement surgir la bête. Et, faisant un pas de côté pour l'éviter, il s'effondre sur la tombe de celle qu'il a tant aimée sans le savoir.

L'anesthésie affective dans le couple et la famille

L'absence d'émotion chez quelqu'un est un peu comparable à ce que les rhumatologues identifient chez leurs malades comme une « attitude antalgique ». Ces médecins désignent par là des postures adoptées par des patients dans les suites d'un traumatisme ou d'une maladie pour diminuer la souffrance d'un membre ou d'une zone corporelle. Malheureusement, quand la cause de la maladie s'est estompée, ces malades conservent bien souvent leurs « attitudes antalgiques » et celles-ci peuvent créer à leur tour de nouvelles maladies. Après avoir appris à se protéger face à une menace, il faut parfois apprendre à ne plus se protéger quand la menace a disparu !

C'est la même chose pour l'anesthésie affective. Quiconque expérimente un jour le clivage comme un moyen efficace de se protéger dans une situation exceptionnelle aura tendance à l'utiliser dans toutes les circonstances où il se sentira menacé, que ce soit à tort ou à raison. Cela rend évidemment de telles personnes très déroutantes dans la vie quotidienne. À tout moment, elles sont capables de retirer leurs émotions de la situation, un peu comme un escargot rentre ses antennes lorsqu'on les effleure. Il arrive même que l'escargot, par précaution, rentre tout entier dans sa coquille ! Sans que leur entourage en comprenne souvent la raison, ces personnalités peuvent ainsi passer d'une sensibilité apparemment confiante à une froideur inexplicable, comme John Marcher dans la nouvelle d'Henry James.

Dans un couple, l'anesthésie émotionnelle ne se manifeste pas toujours dès la rencontre. Il faut parfois attendre un temps de vie commune. Au début, chacun des amants se réjouit de partir à la découverte de l'autre. Mais une fois passé ce moment d'exaltation initiale, celui des deux qui a mis en place une aptitude au clivage ne tarde pas à y avoir recours. C'est notamment le cas lorsque sa partenaire – car c'est le plus souvent dans ce sens que les choses se passent – lui demande plus de manifestations émotionnelles. Se sentant menacé, l'homme réagit alors par la froideur. Cette attitude provoque évidemment de la déception chez sa compagne, qui s'en plaint et réclame encore plus de chaleur. Mais chacune de ses demandes menace un peu plus son partenaire, qui réagit par un retrait émotionnel de plus en plus important. Le quiproquo est alors total entre une femme qui demande à son compagnon plus d'émotions, et un homme qui retire au fur et à mesure toutes celles dont il est capable parce que ces demandes l'agressent.

De tels couples peuvent évoluer de plusieurs façons. Certains parviennent à dépasser cette difficulté, mais c'est au prix d'une remise en question souvent pénible de son clivage par celui des deux qui le pratique. D'autres fois, le *statu quo* s'installe : le partenaire qui vit avec le plus d'intensité ses émotions apprend à moins les manifester et trouve ailleurs un confident privilégié... qui est parfois un psychothérapeute. Mais la situation la plus courante est une répartition des rôles entre celui qui éprouve et montre un excès d'émotions et celui qui semble n'en éprouver aucune. Le premier – c'est le plus souvent de la femme qu'il s'agit – passe alors volontiers pour « hystérique » et chacun plaint en secret son mari d'avoir « une femme pareille ». Quant au mari, personne ne se doute qu'il est bien trop content d'avoir une femme qui exprime à sa place les émotions qu'il a renoncé à éprouver pour son propre compte. Il les vit ainsi un peu par procuration, comme si sa femme incarnait cette partie de lui-même à laquelle il a renoncé depuis longtemps, mais dont il garde une nostalgie bien compréhensible.

Nos émotions sont un dialogue intériorisé

Il arrive souvent aux adultes que nous sommes de nous adresser intérieurement à nos proches quand ils ne sont pas là. Par exemple, en voyage, je me représente ma femme et lui raconte, à l'intérieur de moi, ce que j'aimerais lui dire. Le discours adressé à un autre de cette manière constitue parfois un entraînement à un dialogue réel. Il nous semble qu'il nous sera plus facile de tenir certains propos à quelqu'un si nous commençons ainsi et cette impression est juste. Certaines formes de thérapies encouragent d'ailleurs ces dialogues imaginaires comme une préparation à l'affirmation de soi.

Le bébé, bien entendu, n'a pas cette possibilité. N'ayant pas de mots pour parler avec ceux qui l'entourent, il n'en a pas non plus pour parler avec ses interlocuteurs intériorisés. Mais ce serait une erreur de croire qu'il ne dialogue pas avec eux. La différence est qu'il ne le fait pas avec des mots, mais avec des émotions. Et de la même façon que le dialogue verbal avec nos proches intériorisés les rend plus présents pour nous, le dialogue émotionnel intériorisé que le bébé tient avec ses principales figures d'attachement contribue à renforcer son lien à elles. L'enfant qui sourit quand il est seul sourit à sa mère à l'intérieur de lui, et c'est parce qu'il imagine que celle-ci lui rend son sourire qu'il est rassuré. Bref, la capacité de percevoir une émotion suppose d'avoir installé à l'intérieur de soi un partenaire privilégié qui réponde par une émotion semblable.

Bien sûr, nous continuons notre vie entière à attendre de nos proches présents près de nous qu'ils confirment nos émotions. C'est ce qui explique que nous préférions aller au cinéma en groupe plutôt que seuls et que le téléphone mobile ait rencontré un tel succès : il nous assure d'avoir à tout moment un interlocuteur disponible pour partager nos états d'âme. Mais si nous n'avions pas d'abord solidement installé en nous un premier partenaire émotionnel privilégié, nous ne pourrions pas imaginer en trouver un parmi nos proches.

Cette sorte de face-à-face émotionnel intériorisé est bien traduit en français par la forme grammaticale « Je m'émeus ». Cette formulation implique deux sujets intériorisés, l'un qui ressent et l'autre qui observe le premier, de telle façon que je peux m'identifier alternativement à l'un ou à l'autre. Je peux être celui qui s'émeut, ou celui qui est touché de me voir m'émouvoir. Et lorsque j'adopte ce second point de vue, je me confirme à moi-même le bien-fondé de ce que j'ai éprouvé.

C'est pour cette raison que nous attendons en général de nos interlocuteurs qu'ils partagent les émotions que nous leur montrons. Nous avons d'abord entériné celles-ci dans un échange intérieur, et si notre interlocuteur nous donne tort, il le fait doublement : à la partie de notre personne qui a expérimenté cette émotion et à celle qui l'a validée.

Comme les psychanalystes, les phénoménologues sont eux aussi arrivés à la constatation que les émotions sont une forme de dialogue intériorisé. Mais ils y sont parvenus par un autre chemin, celui des contacts que le nouveau-né établit précocement entre les diverses parties de son corps. Pour eux, le « touchant-touché » est corporel avant d'être émotionnel [1]. Si je mets par exemple en contact mon index avec mon pouce, je peux m'identifier à mon index qui touche mon pouce, mais aussi à mon index qui est touché par mon pouce, et je peux bien entendu aussi m'identifier à mon pouce qui touche mon index ou qui est touché par lui. Ces diverses éventualités contribuent à mettre en place la structure d'un dialogue intériorisé où chacun des deux partenaires peut être alternativement « touchant » ou « touché ».

Qu'on adopte le point de vue psychanalytique ou phénoménologique, les émotions sont dans les deux cas la base du discours de soi à soi et le fondement de l'intersubjectivité : c'est parce que nous avons déjà validé les émotions que nous éprouvons avec un interlocuteur intériorisé que nous n'hésitons pas à les montrer à autrui ; et nous continuons toute notre vie à chercher des interlocuteurs qui partagent nos émotions parce que cela renforce cet interlocuteur privilégié intériorisé.

À partir de là, bien entendu, tout varie d'une personnalité à l'autre. La fiabilité du partenaire émotionnel intériorisé que chacun porte en lui dépend de son histoire personnelle. Ceux qui ont bénéficié d'interlocuteurs émotionnels réels – que ce soit dans leur prime enfance ou à l'âge adulte – ont tendance à faire confiance à leurs états d'âme. Au contraire, quand un enfant a grandi dans un environnement peu attentif à ses émotions ou qui en a fait alterner brutalement des contradictoires, il devient souvent

1. Husserl, E. (1929), *Méditations cartésiennes*, Grenoble, éd. Jérôme Million, 1937.

un adulte peu sûr de lui. Il craint de ressentir des émotions inadaptées ou inconvenantes et de se faire rejeter s'il les manifestait. Le risque est alors qu'il adopte une posture de soumission vis-à-vis de ceux dont il attend un acquiescement.

Mais il existe une situation plus grave encore que celle où notre entourage ne valide pas nos réactions émotionnelles. C'est lorsqu'il fait tout pour les briser. Cela s'appelle la honte.

Chapitre 2

Une émotion peut en cacher une autre !

Les adolescents disent toujours avoir honte de leurs parents. Quand ceux-ci sont pauvres ou déconsidérés, on est tenté de croire que la raison qu'ils donnent est vraie : le jugement social est impitoyable pour ceux qui sont incapables d'afficher les signes de la réussite. Mais les enfants de parents riches et célèbres peuvent aussi avoir honte d'eux. J'ai entendu le fils d'un peintre de renommée internationale dire qu'il avait honte de son père parce que celui-ci n'était jamais arrivé à faire autre chose que de la peinture ! En fait, derrière la honte qu'il dit avoir de ses parents, l'adolescent cache souvent... son profond désarroi de les quitter. Ce n'est pas parce qu'il a honte d'eux qu'il décide d'aller vivre ailleurs, comme il le prétend parfois, mais le contraire. C'est parce qu'il sent bien qu'il doit prendre son envol, et quitter la famille où il a grandi, qu'il met en place la honte comme un levier pour son départ. Il cherche d'abord à se mentir à lui-même pour rendre l'indispensable séparation plus facile. Et, comme il n'y parvient pas tout à fait, la honte qu'il dit éprouver vis-à-vis des autres est aussi un peu la sienne. À tel point que plus la honte affichée par un adolescent vis-à-vis de sa famille est grande, et plus on est en droit de suspecter l'existence d'une honte personnelle grave.

Il y a une quinzaine d'années, j'ai eu à m'occuper d'un jeune homme qui disait sans cesse avoir honte de sa famille. D'origine algérienne, il accusait celle-ci de s'aliéner dans des traditions religieuses désuètes, tandis que son frère imposait à leur sœur une surveillance tatillonne qu'il estimait relever du Moyen Âge. Probablement, rien de tout cela n'était inventé, et le seul indice troublant consistait dans son insistance à dire sa honte. Finalement, il apparut que celle-ci avait une autre cause que celles qu'il mettait si complaisamment en avant. Le jeune homme se sentait attiré par l'homosexualité à une époque où celle-ci était beaucoup plus difficile à assumer qu'aujourd'hui. Il avait eu plusieurs fois des relations avec des partenaires masculins, mais chaque fois dans la honte. En outre, il acceptait d'autant moins la découverte de cette tendance qu'il craignait d'être rejeté par sa famille au cas où elle l'apprendrait. En disant sans cesse avoir honte d'elle, il cherchait donc en réalité à cacher, et à se cacher, une honte personnelle.

La honte n'est pas la seule émotion que nous manipulons pour tenter de nous mentir à nous-mêmes. Le théâtre classique est rempli de situations dans lesquelles l'amour cache la haine, à moins que ce ne soit l'inverse. Victor Hugo a une phrase magnifique pour désigner cette forme de confusion des émotions. Dans sa pièce *Angelo, tyran de Padoue*, l'espion qui poursuit une femme de sa haine déclare : « Quand on a tant aimé une femme, et qu'elle vous a humilié à ce point, on n'éprouve pas pour elle de l'amour, oh non, on n'éprouve pas pour elle de la haine, oh non, on la hait d'amour ! » Haïr d'amour est possible. Rithy Panh l'illustre tragiquement dans son film *S21, la machine de mort khmère* : l'un des tortionnaires confie s'être acharné sur une jeune femme – dont il montre d'ailleurs la photographie – et avoir découvert... que c'était parce qu'il était en secret amoureux d'elle.

Bien des émotions que nous éprouvons comme authentiques peuvent ainsi nous en cacher d'autres. La compassion pour notre prochain peut par exemple dissimuler un profond mépris et un sentiment aigu de supériorité. Mais l'émotion qui entretient le rapport de camouflage le plus fréquent avec les autres est incontestablement la honte. D'un côté, elle se comporte comme une tueuse d'émotions qui invalide certaines de celles que nous éprouvons ; et de l'autre, elle se cache volontiers derrière des affects plus anodins, mais en leur donnant une dimension excessive et tragique qui devrait nous mettre la puce à l'oreille...

La honte est une tueuse d'émotions

Charlotte avait été hospitalisée pour des examens médicaux. Le médecin la convoqua dans son bureau, la fit asseoir et lui annonça qu'elle avait un cancer du sein. Cette femme sensible et émotive s'effondra et se mit à pleurer. Le chirurgien lui rétorqua qu'il n'était pas là pour entendre ses malades « pleurnicher » et l'invita un peu rudement à quitter son bureau. Cette histoire est tellement brutale qu'on peut espérer qu'elle ne s'est pas exactement passée comme ça. En revanche, ce qui est arrivé ensuite ne fait pas de doute : depuis ce jour, Charlotte n'est plus jamais arrivée à pleurer. La tristesse lui est devenue une émotion étrangère, à tel point même qu'elle a de la difficulté à la reconnaître lorsqu'elle l'éprouve.

Faire honte à quelqu'un de ses sentiments peut ainsi engendrer l'inaffectivité. La honte n'est pas une émotion comme les autres. C'est une émotion qui tue les autres, un peu comme certaines algues parasites finissent par vider des mares ou des étangs de toute autre végétation. Comment s'y prend-elle ? Pour le comprendre, évoquons un autre exemple.

Quand un enfant prend du plaisir à un comportement public – comme se montrer nu à des visiteurs –, c'est parce qu'il ne doute pas un instant d'obtenir l'approbation complice de son entourage. En son for intérieur, il a déjà acquis l'approbation d'un parent. Si l'entourage le gronde et le punit pour ce comportement, il se sent coupable de s'être trompé et rectifie cette figure intérieure et le dialogue qu'il entretient avec elle. Mais si l'entourage lui fait honte, il risque de perdre toute confiance dans cette image et ne plus pouvoir s'appuyer sur elle. En pratique, ce résultat n'est pas trop difficile à obtenir. Il suffit de mettre en cause l'enfant et pas l'acte qu'il a accompli en lui disant par exemple : « Tu perds la tête », « Tu ne sais plus ce que tu fais », « Je ne t'aime plus », « Je ne veux pas d'un enfant comme ça », etc. Ces petites phrases assassinent avec une efficacité redoutable le partenaire intériorisé auquel l'enfant faisait jusque-là totalement confiance et le condamnent à la solitude absolue.

Si la honte était seulement une rupture du dialogue émotionnel avec les proches, elle ne serait en effet pas si grave. Il suffirait de lui substituer une émotion plus en accord avec celles qu'éprouvent ceux qui nous entourent. C'est ce qui se passe lorsque nous sommes pris en flagrant délit de ressentir des émotions différentes de celles de nos proches. Imaginons par exemple qu'en sortant d'une salle de cinéma, je dise à ma femme m'être ennuyé, et que celle-ci me réponde avoir été au contraire très intéressée. Je serais sans doute tout prêt à nuancer mon jugement, au moins en concédant que le film contient « des choses intéressantes ». En revanche, si elle me répond que je suis « un nul », je me sentirais contesté non seulement dans ce que j'ai éprouvé – je me suis en effet ennuyé – mais aussi dans le fait que mon interlocuteur intérieur n'a pas rempli son rôle. Il aurait dû me secouer et me dire : « Allons, ressaisis-toi, ne te laisse pas gagner par l'ennui, quelque chose doit t'échapper. » Bref, ce n'est pas seulement moi qui suis coupable – c'est-à-dire la partie de moi qui éprouve les émotions – mais c'est aussi lui – autrement dit la partie de moi qui les valide. Et si je ne peux plus faire confiance à cet autre-là, sur qui vais-je pouvoir m'appuyer quand je suis seul ?

C'est ce qui rend l'expérience de honte si catastrophique. Elle n'est pas seulement une forme de rupture avec l'environnement, mais aussi avec le support de sa vie psychique. Pour parvenir plus sûrement à ce résultat, celui qui veut faire honte implique d'ailleurs souvent la mère de la victime. Les insultes destinées à la dégrader et la salir sont constantes. Qu'elle soit traitée de « putain », de « salope », ou que la victime soit désignée comme un « bâtard », la cible de ces attaques est moins la mère réelle que le partenaire intériorisé qui est pour chacun le support d'un dialogue réconfortant.

Mais avant de nous engager dans la compréhension de ces caractéristiques de la honte, évoquons d'abord deux émotions avec lesquelles elle est souvent confondue à tort : la pudeur et la culpabilité.

La pudeur protège, la culpabilité socialise, la honte désoriente

Si on demandait à chacun d'évoquer une honte, la plupart d'entre nous raconteraient probablement une situation où leur pudeur a été menacée. Être vu nu, ou partiellement nu, et sans l'avoir choisi, est une honte dont on se souvient, c'est vrai, mais c'est parce qu'on s'en remet en général très bien ! Les autres hontes, celles dans lesquelles notre personnalité s'est brisée, nous n'en gardons le plus souvent aucun souvenir même si leur blessure est toujours agissante à l'intérieur de nous. C'est pourquoi la question se pose de savoir si la pudeur et la honte ne seraient pas deux émotions totalement différentes. Allons même un peu plus loin : les confondre pourrait être une manière de nous cacher la gravité de nos hontes !

L'ambiguïté de rapprocher « pudeur » et « honte » est bien mise en évidence par le dictionnaire Littré. Il définit la première comme « une honte honnête » par le fait qu'elle concerne les organes génitaux et que ceux-ci n'ont rien de honteux en eux-mêmes. Malheureusement, cette définition laisse supposer que les formes de honte autres que la pudeur seraient « malhonnêtes » ! Autrement dit, les personnes pudiques ne sauraient être suspectées de rien, tandis que les personnes honteuses cacheraient toujours quelque chose ! C'est évidemment faux. On peut avoir honte pour des actes dont on a été le témoin, voire le témoin impuissant, et même pour des actes dont on a été soi-même la victime. Et on peut même avoir honte sans savoir pourquoi !

En fait, si on tient absolument à envisager la pudeur

comme une forme de honte, il faudrait l'appeler une « honte qui protège ». Car la honte – la vraie – est plutôt la preuve que les protections que nous avions érigées ont échoué et que nous sommes livrés sans défense au regard transperçant d'autrui. La pudeur repose sur un risque imaginé et anticipé, et elle est destinée à nous en protéger. Au contraire, la honte témoigne que l'agression a bien eu lieu. Elle est la trace d'un traumatisme qui a pris corps.

Si on confond souvent honte et pudeur, on mélange encore plus souvent honte et culpabilité. Pourtant, la culpabilité, à la différence de la honte, est plutôt structurante. Avec elle, quiconque est reconnu coupable d'un acte répréhensible est assuré d'être réintégré dans sa communauté une fois sa peine purgée, comme le montre la justice civile qui vise à la cohésion sociale et à la réinsertion des coupables.

À l'inverse, la honte est terriblement désocialisante. Les manières d'en parler sont d'ailleurs éclairantes. On a envie de « rentrer sous terre » ou même de « ne pas exister ». Ces formulations évoquent l'inquiétude de perdre non seulement l'affection de ses proches, mais même toute manifestation d'intérêt de leur part. Celui qui éprouve la honte craint d'être définitivement exclu des divers groupes dont il fait partie, voire de l'humanité entière. Les hiérarchies sociales savent jouer de cette particularité. Plutôt que de faire le reproche précis d'une faute à un employé, mieux vaut tenter de lui faire honte : il sera prêt à se sentir coupable ensuite de toutes les fautes qu'on lui imputera, et même de celles qu'on ne lui imputera pas !

Parfois, la honte qu'on cherche à fuir dans la culpabilité ne nous est pas imposée explicitement par un de nos proches, mais c'est nous qui la ressentons. Ainsi ce jeune skinhead qui avait participé à la profanation du cimetière juif de Carpentras : alors que personne ne le suspectait, il s'était dénoncé lui-même après plusieurs mois d'hésitation. Il ne supportait plus le poids de la honte de ce qu'il avait fait et voulait être jugé. En accédant à une culpabilité reconnue, il avait la possibilité de purger une peine et de retrouver sa place pleine et entière dans la collectivité. Au contraire, son sentiment de honte lui donnait l'impression d'être exclu à jamais de tout échange avec elle.

Honte un jour, honte toujours

La honte est une expérience catastrophique parce qu'elle menace en même temps les trois piliers sur lesquels est bâtie notre identité. Il s'agit de l'estime que chacun se porte à lui-même, de l'affection qui le lie à ses proches et de sa certitude de faire partie d'un groupe dont l'horizon est toujours l'ensemble des hommes [1]. Ces trois domaines – que les psychanalystes désignent comme ceux du « narcissisme », des « relations d'objet » et de l'« attachement » – sont les trois socles sur lesquels se construit toute existence humaine.

Seule la honte menace les trois simultanément. La culpabilité, elle, menace l'estime de soi et l'assurance de bénéficier de l'affection de ses proches, mais n'atteint jamais le sentiment d'appartenance. Quant à la pudeur, elle manifeste l'inquiétude de perdre l'affection des autres et sa place dans sa communauté, mais sans que l'estime de

1. Sur ces trois piliers, on peut consulter mon ouvrage *La Honte, psychanalyse d'un lien social*, Paris, Dunod, 1992.

soi ne soit touchée : celle-ci sort au contraire renforcée de l'expérience de la pudeur.

La honte est si terrible qu'il n'est pas rare qu'elle laisse brutalement place à la *confusion*. Avec la dissolution de l'identité qui l'accompagne, celle-ci est en effet un rempart efficace contre les menaces de tous ordres. Celui qui ne sait ni qui il est ni où il est, et qui ne comprend rien à ce qui lui arrive, est moins menacé par la honte.

Le *sentiment de honte* proprement dit apparaît enfin dans un troisième temps. Après les risques d'anéantissement psychique et de confusion, il correspond à l'établissement d'un premier repère à partir duquel commencer à reconstruire ce qui a été perdu. Ressentir la honte, c'est déjà ne plus y être totalement immergé. Comme toute émotion, la honte établit au sein de celui qui la ressent une séparation entre une partie qui éprouve et une autre qui nomme. L'apparition de cette émotion participe également à la reconstruction de l'intersubjectivité. Elle permet d'imaginer que les autres – voisins ou proches – ont une idée méprisante de soi, et d'être capable de souffrir de cette idée. Celui qui éprouve la honte en secret pourrait dire : « Fais-moi honte, car cela me prouvera au moins que je continue à exister pour toi. »

C'est pourquoi ceux qui se sont un jour sentis irrémédiablement rejetés passent parfois leur vie entière à faire en sorte qu'on leur fasse honte... sans se rendre compte qu'une honte première, maintenant oubliée, est à l'origine de leur destin tragique.

Identifier cette honte enfouie est d'autant plus important qu'elle peut conduire à s'exclure soi-même.

Quand la résignation cache la honte jusqu'au masochisme

Confrontées à une honte grave, certaines personnes acceptent non seulement de vivre avec elle, mais même de s'immerger complètement en elle. Elles s'habituent à l'idée que rien ne peut les en libérer et s'enfoncent dans l'apathie. Mais lorsque les repères qui fondent la dignité sont perdus, le goût de la vie ne tarde pas à disparaître. Il peut malheureusement arriver qu'une telle attitude de résignation soit encouragée par la famille ou par le groupe. Le sujet honteux devient alors une sorte de bouc émissaire dépositaire de tout ce que les autres membres refusent de reconnaître et d'accepter en eux-mêmes. Une telle résignation à la honte peut conduire à l'alcoolisme, au refus de se soigner et même parfois au suicide.

D'autres fois, cette attitude prend les apparences de ce qu'on appelle le masochisme. Une personne qui supporte sans se plaindre des humiliations et des sévices est facilement suspectée d'« aimer ça ». Mais la vérité est tout autre. Si ces personnes subissent sans broncher des agressions, c'est parce que les premières hontes qu'elles ont vécues ont gravement endommagé l'image qu'elles ont d'elles-mêmes. Non seulement les traiter de « masochistes » ne les aide pas, mais cela nous empêche en plus de les comprendre. Ce drame se rencontre notamment avec les femmes qui semblent accepter sans se plaindre de graves sévices physiques ou psychologiques de la part de leur mari. En fait, ces femmes subissent souvent ces situations comme si elles en partageaient la honte à parts égales avec leur agresseur. Elles sont bien complices de ce qu'elles endurent dans la mesure où elles ne le dénoncent pas, mais l'origine de leur attitude est moins à chercher dans le plaisir pervers qu'elles y trouveraient que dans la confusion où les plonge la honte qu'elles en éprouvent. Seule la prise en compte de cette émotion à l'origine de leurs *comportements d'apparence masochiste* leur permet de s'engager sur un nouveau chemin.

Imposer la honte à autrui peut dissimuler celle qu'on a soi-même subie

Une autre façon de s'adapter à la honte en se la cachant consiste à la projeter sur quelqu'un d'autre de telle façon qu'il se sente à son tour honteux. La personne à qui il a été fait honte impose la même émotion à un autre, et ainsi de suite, de telle façon que le phénomène ne s'arrête que lorsque la honte touche finalement une personne qui la refuse... ou s'y résigne. Ce mécanisme concerne tous les groupes, mais il est particulièrement important dans les familles. Un parent se débarrasse volontiers d'une honte liée à une situation traumatique en adoptant vis-à-vis de l'un de ses enfants des comportements ou des propos méprisants [1]. L'enfant ainsi constitué en cible de projection est bien entendu une victime, mais le drame est qu'il finit par participer lui-même à ce mécanisme en l'acceptant, voire en le suscitant. Pour un enfant, l'équilibre psychique de ses parents est en effet si important qu'il est capable d'y sacrifier jusqu'au sien propre ! De telles situations prennent heureusement souvent fin à l'adolescence. À cet âge, l'en-

1. Voir Tisseron, S., *Nos secrets de famille, histoires et mode d'emploi*, Paris, Ramsay, 1999.

fant tente de se dégager de ce qui lui a été imposé jusque-là en cherchant ses références à l'extérieur. Il y parvient en général, sauf si son allégeance à ses parents est totale. Il arrive alors qu'il reste près d'eux pour tenter de les guérir de leurs blessures secrètes qu'il ne peut pourtant qu'imaginer, et cela jusqu'à leur mort... ou jusqu'à la sienne !

À l'opposé de la honte imposée à autrui, l'humour témoigne de la capacité à jouer avec sa propre honte et à la mettre en scène de façon libératrice. À la différence de l'ironie qui tourne autrui en dérision, l'humour est d'abord dirigé contre soi-même. Il permet même de faire rire de situations qui ont d'abord été vécues comme ignominieuses. L'œuvre de Charlie Chaplin en est un exemple remarquable. Disputer sa nourriture aux chiens dans les poubelles ou être regardé de manière soupçonneuse par un policier alors qu'on est innocent, voilà des situations devenues comiques sous le regard de Charlot ! L'humour permet à la fois de prendre une distance personnelle vis-à-vis de l'événement honteux et de le constituer en force de cohésion pour le groupe, car ceux qui rient ensemble sont plus proches les uns des autres.

Une ambition démesurée peut masquer une honte dramatique

Une troisième manière de cacher la honte consiste à développer une attitude qui ne lui donne jamais prise. La personne qui a vécu un jour une honte grave développe une estime de soi envahissante et hors d'atteinte du jugement social. Une ambition démesurée en est généralement le corollaire. La revendication d'être le meilleur prend la place de l'angoisse de ne rien valoir et l'orgueil se substitue si massivement à la honte que toute condamnation ou humiliation entraîne un surcroît d'ambition [1] !

De telles personnalités, qu'on peut croire au-dessus de tout risque d'effondrement, sont en fait sans cesse menacées par celui-ci. Mais l'effondrement qui les guette n'est pas devant eux. Il est en eux parce qu'il a déjà eu lieu. Malgré l'angoisse qui est à son origine, cette attitude face à la vie paraît pourtant présenter suffisamment d'avantages pour être enviable. Après tout, ne se sentir entamé par rien ni par personne et mépriser tout le monde passe souvent pour une marque de supériorité ! Cette substitution radicale et exclusive de l'ambition à la honte ne réussit pourtant que si elle est survenue très tôt, dans la petite enfance. Bref, si le lecteur de ces lignes ne s'y est pas déjà installé – mais si c'est le cas, les lira-t-il ? –, il a peu de chances d'y parvenir un jour !

Revenons à ces personnalités. Elles se reconnaissent à l'association de deux traits de caractère. Tout d'abord, elles réagissent par une énergie impressionnante toutes les fois où elles redoutent d'être dévalorisées... même en l'absence de toute menace objective. Ensuite, elles sont volontiers méprisantes pour leur entourage. De tels comportements sont la trace de leur identification précoce à ceux qui les ont d'abord humiliées, mais ils sont ignorés aussi longtemps que l'expérience précoce de honte qui est à leur origine reste masquée.

1. Cette substitution définitive de l'ambition à la honte est ce qu'on appelle en psychanalyse une « formation réactionnelle ».

Afficher sa culpabilité pour cacher sa honte

La tentative de cacher la honte derrière la culpabilité peut prendre deux formes bien différentes. Si la honte reste méconnue, le sentiment de culpabilité risque bien d'envahir la personnalité de façon permanente et durable. Au contraire, si elle est reconnue, la culpabilité peut être circonscrite et surmontée.

Ceux qui ont un jour éprouvé un très fort sentiment de honte qu'ils ont enfoui en eux-mêmes – par exemple à la suite d'une agression sexuelle précoce – développent souvent un sentiment de culpabilité permanent. Ils se sentent constamment fautifs. Toute manifestation d'intérêt de la part d'un ami ou d'un conjoint peut même leur sembler suspecte. « S'il (ou elle) était quelqu'un de bien, il (ou elle) ne s'intéresserait pas à un personnage méprisable comme moi », se dit celui dont la personnalité a été un jour ravagée par la honte. S'être un jour senti méprisé peut ainsi conduire des personnalités, même de grande valeur, à mépriser ceux qui les aiment ou les admirent ! Ces personnes sont bien entendu peu capables de prendre en compte leurs propres désirs et sont toujours prêtes à faire passer ceux des autres avant les leurs.

C'était le cas de Francine qui avait été abusée par son oncle dans son enfance. Devenue assistante sociale, mariée et mère de trois enfants, elle passait pour une femme dévouée et pleine de mérite. Si ses proches avaient connu les abus qu'elle avait subis dans son enfance, ils l'auraient certainement admirée plus encore ! Pourtant, la vie « réussie » de Francine cachait le sentiment terrible d'être perpétuellement en faute. D'un côté, elle savait qu'elle avait vécu, à l'occasion de ces abus, une honte catastrophique sans commune mesure avec sa responsabilité réelle. Mais d'un autre côté, cette lucidité ne lui était d'aucune utilité pour dépasser la culpabilité qu'elle éprouvait dans les diverses circonstances de sa vie. Celle-ci s'imposait toujours à elle avec des justifications sur mesure. Elle se sentait coupable d'avoir raté l'éducation de son fils car celui-ci peinait à trouver sa place dans sa vie, coupable de mal s'occuper des personnes dont elle avait la charge dans son activité professionnelle, et coupable même de ne pas être une patiente suffisamment intéressante pour son thérapeute. Puis elle comprit que la culpabilité paralysante qu'elle éprouvait dans chacune de ces situations était une sorte de mise en scène de sa honte passée. Pour Francine, une phase importante de sa thérapie avait consisté à retrouver le souvenir des sévices sexuels précoces qu'elle avait subis et de la honte qui les avait accompagnés. Mais ce n'était là que la première étape. La seconde consistait à démasquer sa honte passée derrière chacune des culpabilités qu'elle vivait au quotidien.

« Avoir honte » pour sa famille peut occulter une honte personnelle

De toutes les manières de cacher la honte, le « déplacement » est sans aucun doute le plus fréquent. Mais que faut-il entendre par ce mot ? Il consiste à garder le sentiment de honte, mais à lui trouver une autre cause. Celle qu'on met ostensiblement en avant n'est bien entendu jamais totalement inventée, elle est même le plus souvent vraie et paraît suffisante pour justifier la honte. Mais en réalité, la raison invoquée est toujours destinée à cacher un drame autrement plus grave.

Par exemple, dans le cas du garçon homosexuel évoqué plus haut, la dénonciation permanente des mœurs de sa famille contenait trois avantages. Au lieu de se confronter à sa honte de lui-même, il disait avoir honte des autres. Ensuite, il échappait à une honte qui isole et marginalise – l'homosexualité dans une famille traditionnelle – au profit d'une honte qui permet de s'attirer des sympathies : la dénonciation de mœurs jugées rétrogrades. Enfin, ce déplacement lui permettait d'inverser le sens de la menace : il ne craignait plus d'être exclu de sa famille à cause de son homosexualité, mais c'est lui au contraire qui menaçait de rompre avec elle. Dans un autre cas, une jeune femme mettait en avant sa gêne d'avoir des parents « grossiers et sans éducation »... pour se cacher sa honte d'être issue d'une famille dont certains membres avaient collaboré avec l'occupant.

Mais celui qui veut se dissimuler les causes réelles de sa honte n'est jamais certain d'y parvenir tout à fait. Pour augmenter ses chances, il cherche alors sans cesse à convaincre les autres. C'est même à cela qu'on le reconnaît. À la limite, il se transforme en militant. Il parle, écrit sur le sujet, donne des conférences ou fait des films... Mais ceux qu'il prend à témoin de sa honte sont en réalité invités à devenir les complices d'un mensonge. Un mensonge partiel, bien entendu, puisque la honte qui fait l'objet de si nombreux commentaires n'est jamais inventée. Mais une vérité peut toujours servir à en cacher une autre !

« Être une honte pour sa famille » fait oublier qu'on a honte pour elle

L'alcoolisme d'un père ou d'une mère provoque souvent la honte de l'enfant. Celui-ci comprend vite que cette attitude fait l'objet d'une condamnation sociale et craint tout ce qui pourrait publiquement faire honte à son parent. Il arrive alors qu'un comportement réputé honteux – par exemple des vols ou une toxicomanie – se développe chez cet enfant comme une façon de détourner l'attention sur lui. Ses « bêtises » sont une sorte de parapluie qu'il ouvre au-dessus de la tête de sa famille !

Un adolescent peut ainsi avoir la conviction d'excéder ses parents avec ses comportements honteux sans s'apercevoir que ceux-ci l'ont d'abord accablé avec les leurs. Par une de ces pirouettes dont la succession des générations a le secret, il peut même finir par leur dire qu'« ils ont raison d'avoir honte de lui »... alors que c'est leur honte à eux qui a été déterminante dans son destin !

Paul, par exemple, avait commencé à s'interroger à trente-deux ans sur la honte qu'il éprouvait, enfant, au moment des grandes fêtes familiales. Peu à peu, la brume dont il avait recouvert ses impressions d'enfant s'était dissipée et il avait retrouvé le souvenir de ses rêveries d'adolescence. Il avait découvert que ce qu'il croyait être sa honte personnelle était en fait celle que ses parents éprouvaient au contact d'un certain oncle suspecté d'avoir accompli des escroqueries. Celle-ci se manifestait de façon privilégiée quand cet oncle était présent et Paul s'en imprégnait littéralement à leur contact. Mais leur honte était si incompréhensible et si douloureuse à son cœur d'enfant qu'il avait appris à se la cacher derrière le seul souvenir de sa honte à lui.

Cette attitude est d'autant plus fréquente qu'en se persuadant que c'est son comportement à lui qui est à l'origine de la honte de ses parents, l'enfant ou l'adolescent se rassure sur leur attachement : « Ils ne seraient pas aussi honteux de mes actes s'ils ne m'aimaient pas autant », se dit-il.

Sexe, mépris et honte

Des comportements sexuels réputés honteux sont souvent mis en avant pour cacher une honte impossible à s'avouer. Malheureusement, le remède peut se révéler pire que le mal. Les comportements sexuels destinés à justifier la honte aggravent celle-ci à tel point que le sexe finit par être pris en horreur. Le film *Romance* (1999), de Catherine Breillat, en est un parfait exemple. Il met en scène plusieurs situations dans lesquelles des hommes successifs sont invités à profiter de l'héroïne selon leur goût. Parallèlement, celle-ci raconte, en voix *off*, sa mésestime d'elle-même et la forme de « purification » recherchée dans ces épreuves sexuelles. La honte est présentée dans ce film comme partie prenante de la sexualité féminine. Mais certains indices nous aiguillent sur une autre voie. Tout d'abord, cette honte ne touche pas seulement au sexe de l'héroïne, mais à son être tout entier. Elle n'aime ni ses seins, ni son ventre, ni rien d'elle-même. D'ailleurs, quand elle rencontre un homme qui la ficelle comme un gigot, elle est tellement prête à avoir toujours honte qu'elle s'excuse d'avoir mal. « C'est ma faute, je n'ai pas l'habitude », gémit-elle ! Elle s'aime même si peu qu'elle choisit pour compagnon un acteur narcissique qui ne s'intéresse à elle d'aucune façon, ni pour la regarder, ni pour la toucher, ni même pour daigner s'y masturber. Cette femme, bien entendu, a trouvé là exactement ce qu'elle cherchait sans le savoir ! Elle est attachée à cet homme non pas malgré les frustrations qu'il lui impose, mais à cause d'elles. La preuve en est qu'elle se déclare tout au long du film terriblement amoureuse de ce partenaire frustrant. Bref, derrière l'« habillage sexuel » des situations mises en scène, on touche la problématique des femmes battues qui ne se révoltent pas : celle d'une humiliation précoce.

Dans un autre de ses films – *Une vraie jeune fille* (1976) –, la même réalisatrice évoque d'ailleurs cet aspect : la honte de soi précocement éprouvée dans l'enfance auprès d'un parent...

La confusion des origines

Une grande partie de l'œuvre d'Annie Ernaux veut témoigner de la honte de ses origines modestes[1]. Cette attitude n'est pas une fatalité. L'écrivain Albert Camus, confronté au même problème, raconte qu'il avait honte... d'avoir honte de ses origines ! Chez lui, la honte s'était transformée en compassion, alors que chez Annie Ernaux, elle est devenue rage et sentiment d'une tache indélébile. Impressionné par l'énergie que cet auteur mettait à rendre ses origines sociales responsables de toutes ses hontes,

1. Notamment dans *Les Armoires vides* (Paris, Gallimard, 1974) et *La Place* (Paris, Gallimard, 1983).

j'émettais en 1992 une hypothèse : il ne s'agirait là que de l'une des causes de celles-ci, destinée peut-être à en cacher d'autres plus graves [1]. C'est ce que semble confirmer l'ouvrage de cet auteur écrit en 1997 [2].

Un certain dimanche de juin de 1952, nous dit Annie Ernaux, sa vie a basculé. Le futur écrivain abordait alors l'adolescence. Son père, dans une espèce d'état second où il avait « une voix inconnue », tenta d'assassiner sa mère. Il l'entraîna dans la cave et la menaça avec une serpe. Peut-être réveillé de son étrange somnambulisme par les appels au secours de sa fille, peut-être saisi par l'énormité de son acte, il s'interrompit soudainement. Les deux parents n'ont alors eu de cesse, écrit Annie Ernaux, que « de faire comme si l'événement n'avait pas eu lieu ». Sitôt lâchée par son mari, la mère dit à sa fille : « Allons, c'est fini. » Et son père ajoute, machinalement : « Pourquoi tu pleures ? » Pour mieux « effacer » l'horreur de cet épisode, ils partent aussitôt tous les trois se promener à bicyclette. Mais pour la fillette, c'est le début d'un cauchemar. Elle vit dans l'angoisse que la scène se répète. Elle surveille la figure et les mains de son père pour y lire les signes avant-coureurs d'un recommencement. Surtout, nous dit-elle, elle « entre dans la honte ».

Dans son ouvrage de 1997, Annie Ernaux ne remet donc pas en cause la honte liée à ses origines, mais elle montre comment une autre honte la nourrissait en secret. Une honte longtemps indicible se trouvait ainsi cachée derrière une honte dicible, qui lui servait à la fois de paravent et d'exutoire.

---

1. *La Honte, psychanalyse d'un lien social, op. cit.*
2. Intitulé *La Honte* (Paris, Gallimard, 1997).

Mais l'entreprise courageuse de cet auteur nous livre encore une dernière indication. Car si une première cause de honte peut en masquer une seconde, celle-ci, une fois mise en avant, peut aussi servir à en dissimuler – et à s'en cacher ? – une troisième.

Reprenons le fil de ses confidences. Deux mois après que son père a tenté de tuer sa mère, Annie Ernaux part seule avec lui en voyage à Lourdes. La mère reste à la maison. C'est durant ce voyage que l'adolescente développe la conscience douloureuse de « l'existence de deux mondes et de [son] appartenance irréfutable à celui du dessous ». C'est alors qu'elle installe durablement en elle la honte de son père, puis celle de ses deux parents, qui sera le thème récurrent de nombre de ses romans ultérieurs.

Pour comprendre comment ce voyage a pu contribuer à la honte secrète d'Annie Ernaux, il nous faut évoquer brièvement le lien privilégié et ambivalent qui unit père et fille. Son père est pour toute fille le premier partenaire masculin privilégié, presque son premier amant, si on donne à ce mot une acception qui en exclut la sexualité. Il l'est pour le meilleur, c'est-à-dire l'éveil de la sensualité de la fillette dans une atmosphère de tendresse, mais il l'est aussi pour le pire, l'angoisse de l'inceste rêvé et redouté, et parfois sa consommation, toujours catastrophique. Le départ de la petite Annie Ernaux pour Lourdes, seule avec son père pour la première fois, est probablement venu attiser les désirs et les angoisses éveillés par l'adolescence. Tout enfant est en effet enclin à désirer inconsciemment la mort de son parent de même sexe afin de bénéficier seul de son parent de sexe opposé. Habituellement, l'enfant oublie facilement ces désirs et la honte qui leur est liée, mais tout se complique en cas de décès ou d'absence de l'un des deux parents. Quant à celui qui assiste à une tentative de meurtre de son parent de sexe opposé sur son parent du même sexe – comme cela semble avoir été le cas pour Annie Ernaux –, sa situation est plus difficile encore. Il peut s'en croire indirectement responsable, son désir inconscient rencontrant une mise en acte réelle. Et si cette tentative est suivie d'un voyage dans lequel père et fille partent seuls, c'est un peu comme si la mère avait vraiment été « éliminée » ! Bref, l'enfant peut alors avoir l'impression que ses vœux de mort ont été devinés et partagés par son père et que le voyage à deux en est la confirmation.

Dans une telle situation, le déplacement de la honte vers les « origines sociales » fait diversion de trois façons. Il permet à l'adolescent de se masquer à lui-même la honte de ses désirs sexuels. Il rend le parent de sexe opposé haïssable, ce qui permet d'écarter toute velléité d'un trop grand rapprochement avec lui. Enfin, en confondant les deux parents dans une même réprobation, ce déplacement permet de préserver leur image unie. Le désir pour le parent de sexe opposé fait naître chez tout adolescent l'idée que les parents ne sont pas « accordés » et le fantasme d'être soi-même un partenaire préférable à son rival. L'idée que les parents sont l'un et l'autre indécrottables impose au contraire à l'adolescent la conviction qu'ils sont bien faits pour vivre ensemble et qu'il vaut mieux pour lui (ou pour elle) chercher ailleurs.

Bien sûr, ce rapprochement n'est peut-être que fortuit. Mais comme Annie Ernaux l'écrit elle-même : « Il n'y a peut-être pas de rapport entre la scène du dimanche de juin et ce voyage autre que chronologique, mais comment affirmer qu'un fait survenant après un autre n'est pas vécu dans l'ombre portée du premier, que la succession des choses n'a pas de sens ? »

Une émotion peut en cacher une autre !

Quoi qu'il en soit, nos émotions les plus intimes et les plus angoissantes s'avancent volontiers masquées. Nous mettons en avant celles de nos hontes qui nous semblent les plus facilement recevables par nos interlocuteurs, et nous dissimulons les autres derrière....

Chapitre 3

La tyrannie des émotions prescrites

Les émotions destinées à nous en cacher d'autres ne sont pas les seules à nous induire en erreur sur nos véritables sentiments. Il arrive aussi que nous éprouvions notre vie entière celles que quelqu'un nous a un jour prescrites, même si ce n'était qu'une seule fois...

Commençons par un exemple emprunté à la littérature enfantine, nous verrons ensuite que ce choix n'est pas un hasard. Dans les *Aventures de Harry Potter*[1], une « elfe de maison » nommée Winky dit être « honteuse ». C'est après qu'un stratagème a permis à Harry de la libérer de l'esclavage de son maître, un homme odieux nommé Croupton. L'amie de Harry, Hermione, s'étonne de la situation. « Honte ? Enfin, Winky ! C'est Mr Croupton qui devrait avoir honte, pas toi ! Tu n'as rien fait de mal, il a été odieux avec toi... » La petite elfe plaque alors ses mains sur son chapeau et s'aplatit les oreilles pour ne pas entendre la suite. Elle hurle : « N'insultez pas mon maître, Miss, n'insultez pas Mr Croupton ! Mr Croupton est un bon sorcier,

1. Rowling, J.K., *Harry Potter et la coupe de feu*, Paris, Gallimard, 2000.

Miss ! Mr Croupton a eu raison de renvoyer la méchante Winky ! » Comme souvent dans les contes[1] ou dans les aventures de science-fiction, les petites créatures tiennent le langage des enfants. Ici, la petite elfe parle comme ceux qui ont été maltraités ou simplement méprisés par leurs parents. Une fois libérés d'eux, ils continuent à les défendre... Mais le parallèle ne s'arrête pas là. Dobby, un autre elfe, donne la clé de la soumission de Winky : « Nous devons garder leurs secrets [ceux de nos maîtres] et nous taire, nous devons soutenir l'honneur de la famille et ne jamais dire du mal d'eux. »

Il en est souvent ainsi. Nombreux sont les enfants qui ont honte de dévoiler les sévices qu'ils ont subis, comme s'ils en étaient eux-mêmes coupables. Autrement dit, ils éprouvent une émotion que rien dans leur situation ne justifie et qui devrait plutôt être celle de l'adulte maltraitant. C'est que certaines émotions que nous éprouvons comme personnelles ont été en réalité introduites « de force » à l'intérieur de notre personnalité. Et non seulement nous avons de la peine à les distinguer des nôtres, mais celui qui les a installées en nous en garde bien souvent la commande. S'il vient à mourir, nous ne sommes même pas soulagés pour autant. Il n'est pas rare que nous confiions alors cette commande à quelqu'un d'autre : qui a vécu un jour sous la dépendance d'un tyran ne s'en passe pas si facilement !

1. Voir Bettelheim, B., *Psychanalyse des contes de fées*, Paris, Laffont, 1977.

Prescrire à son insu des émotions à ses enfants

Quel parent n'a pas imposé un jour à son enfant de se réjouir d'une perspective pourtant pénible, comme d'aller dans un lieu qu'il n'aime pas ou de rendre visite à quelqu'un avec lequel il ne s'entend pas ? Les familles recomposées sont particulièrement propices à de telles prescriptions émotionnelles, par exemple lorsqu'un enfant est invité à faire bonne figure à un beau-père ou à une belle-mère qu'il n'apprécie guère. Le problème est que celui qui est invité à manifester autre chose que ce qu'il éprouve risque d'oublier ce qu'il a d'abord ressenti, et de confondre l'émotion prescrite avec la sienne. C'est notamment le cas de l'enfant incité dès son plus jeune âge à substituer l'expression de l'affection à la défiance ou à l'hostilité.

L'histoire favorise parfois cette attitude de manière collective. C'est ainsi qu'après la défaite militaire de 1945, les Japonais furent invités par leur gouvernement à accueillir les forces américaines d'occupation avec tous les égards de l'hospitalité nipponne traditionnelle. Non seulement ils ne devaient manifester ni haine ni rancœur à l'égard des soldats américains, mais ils devaient en plus leur témoigner attention, affection et même gratitude. Cela était d'autant plus contraignant que la plupart des familles japonaises invitées à tant de civilité – et cela jusque dans leur propre maison où les Américains étaient hébergés – avaient perdu un fils, un père ou un frère au combat. L'efficacité de cette prescription – qui impressionna vivement les occupants – était évidemment liée au fait qu'elle concernait des personnalités préparées depuis leur plus jeune âge à faire taire leurs émotions personnelles pour y substituer celles que leurs parents, leurs pédagogues ou leurs chefs leur commandaient...

Le plus souvent, les émotions prescrites le sont toutefois à l'insu des protagonistes. C'est le cas de Félix. Le beau garçon de quatorze ans s'inquiète de son nez qu'il juge trop long. Pour Freud, le nez représentait un substitut du pénis. Si on suivait le père de la psychanalyse, il faudrait donc en déduire que Félix aurait des problèmes avec sa virilité, c'est-à-dire probablement, vu son âge, avec la masturbation. En même temps, Félix vit dans un relatif retrait social, se tenant à l'écart des groupes dans lesquels la plupart des camarades de son âge cherchent au contraire à s'intégrer. En parlant avec sa mère, on découvre que cette femme a grandi en étant elle-même tyrannisée par sa propre mère qui était obsédée... par l'apparence de son nez. C'était avant la guerre, dans une famille juive allemande. La grand-mère de Félix disait que le nez de sa fille était trop « typé », autrement dit trop « juif ». Il fallait absolument masquer cet appendice et le faire disparaître du visage. La mère du garçon a ainsi grandi en essayant, à coups de maquillage, de coiffure et de chapeaux, de rendre invisible sur son propre visage ce que sa mère y désignait comme une marque infamante. Une fois la guerre terminée, cette femme s'est mariée, est devenue mère et a oublié cette période de sa vie. Mais les injonctions de sa propre mère sont restées marquées en elle : « C'est horrible », « On ne voit que ton nez », « Ton nez se remarque partout où tu vas. » La culpabilité de « montrer son nez », inscrite en elle à l'adolescence par sa propre mère, s'est trouvée réveillée dans son rapport avec son fils. Elle ne lui a pas répété mot pour mot les expressions que sa mère lui disait, mais elle a adopté à son égard les accents, les mimiques et le regard de condamnation angoissée qu'elle avait toujours vu sa mère porter sur elle. L'angoisse prescrite par sa mère a imprégné la représentation que Félix a de lui-même. Et comme l'expression « montrer son nez » a en français le sens imagé de « se faire remarquer », Félix n'a pas développé seulement l'inquiétude de se montrer physiquement. Il craint aussi d'intervenir de quelque façon que ce soit dans la vie sociale.

Un symptôme peut ainsi donner accès non seulement à l'inconscient de celui qui en souffre, mais aussi à celui de ses parents, de ses grands-parents, et même de son groupe entier. Une culpabilité qui semble liée à des problèmes personnels peut trouver son origine dans des traumatismes, des angoisses, voire des jalousies des parents ou même des grands-parents. Et des émotions apparemment personnelles autour de son propre corps ou de diverses circonstances de la vie peuvent mettre en scène ce qui a été vécu à une génération précédente. À la recherche des causes d'une émotion personnelle, il n'est pas rare que nous rencontrions ainsi plusieurs générations traversées par la même émotion, chacune d'entre elles faisant obstacle, par ses mots ou ses attitudes, à l'épanouissement de la suivante.

Si ces émotions prescrites sont vécues comme personnelles par celui qui les éprouve, elles en diffèrent pourtant par plusieurs caractères. Elles constituent des formes de fidélité inconscientes peu susceptibles d'évolution et très difficiles à rompre. Elles sont en particulier répétitives et n'apportent ni soulagement ni relations sociales satisfaisantes. Mais on voit en même temps l'erreur qu'il y aurait à envisager ces phénomènes comme une pure et simple répétition. Si une émotion semblable est vécue sur plusieurs générations, ce n'est ni de la même manière ni dans les mêmes situations. Les émotions ne se « transmettent » pas d'une génération sur l'autre, mais elles font en quelque sorte des ricochets. À chacun ses émotions, mais toujours en relation avec les attitudes de son entourage, qu'il s'agisse de ses parents, de sa famille au sens large, d'un éducateur ou même d'un camarade très proche.

Confondre son enfant avec quelqu'un d'autre

Dans le cas de Félix, des émotions étaient donc prescrites au garçon parce que sa mère s'adressait à lui comme sa propre mère l'avait fait vis-à-vis d'elle. Une autre éventualité est celle où un parent parle à un enfant comme si celui-ci incarnait un disparu. Une telle situation arriva à l'écrivain George Sand.

Aurore Dudevant naît en juillet 1804 [1]. En 1808, alors qu'elle est âgée de quatre ans, son père meurt brutalement d'une chute de cheval, ce décès étant suivi peu après de celui de son frère cadet. Sa mère s'effondre et sa grand-mère demande la garde de la fillette. Il se trouve que cette grand-mère est elle-même une des filles bâtardes du maréchal de Saxe. Sa reconnaissance a été tardive. Son père se prénommait Maurice et son fils unique – le père d'Aurore – portait le même prénom. À la mort de son fils, elle insiste donc pour avoir la tutelle de sa petite-fille et, très vite, voit en elle une sorte de réincarnation de son fils

1. Les informations sur George Sand sont tirées de l'ouvrage de Martine Reid : *Signer Sand* (Paris, Belin, 2003). Ma propre analyse est développée dans mon article « Aurore Dudevant, fantômes et revenants », *Revue des Deux Mondes, George Sand, Le Roman monstre*, Paris Bibliothèques, septembre 2004.

mort. Ainsi déclare-t-elle à Aurore : « Tu ressembles trop à ton père... il y a des moments où j'embrouille si bien le passé avec le présent que je ne sais plus à quelle époque j'en suis de ma vie. » Et, de fait, elle appelle volontiers Aurore « Maurice » et dit « mon fils » en parlant d'elle.

Mais si cette grand-mère, selon ses propres mots, « embrouillait si bien tout », ne peut-on imaginer qu'elle faisait parfois la confusion entre les deux « Maurice », son père et son fils ? La petite Aurore devait alors non seulement faire face aux moments où elle était confondue avec son père qu'elle avait connu, mais aussi à ceux où elle l'était avec son arrière-grand-père qu'elle n'avait pas connu ! On peut également imaginer que sa grand-mère passait facilement de l'une à l'autre de ces confusions, comme c'est souvent la règle dans ces dérèglements. Dans les deux cas, la jeune Aurore devait évidemment donner à sa grand-mère les réponses émotionnelles que celle-ci attendait et qui auraient été normalement celles de son mari et de son fils, les deux « Maurice ». Pour une petite fille, on conçoit qu'une telle gymnastique soit difficile à mettre en place – il ne faut pas se tromper de rôle ! – et aussi qu'il soit difficile d'y renoncer une fois qu'elle est bien rodée. D'autant plus que lorsque Aurore allait voir sa mère, celle-ci mettait sa fillette dans son lit à la place de son mari mort et lui parlait comme si elle était lui !

Un tel phénomène est bien plus fréquent qu'on ne le croit, même s'il ne prend pas toujours une forme aussi extrême que dans l'enfance de George Sand. Quand, plus tard, ces enfants précocement marqués par la confusion à leur sujet deviennent créateurs – certains deviennent fous ! –, le pseudonyme peut s'imposer à eux comme une manière de se choisir son propre nom en réaction au fait d'avoir été trop souvent confondus avec un autre. C'est probablement ainsi qu'Aurore Dudevant adopta le pseudonyme masculin de George Sand. Mais cela n'est pas toujours suffisant pour guérir de telles confusions précoces. George Sand dut toute sa vie se débrouiller avec des émotions et des sentiments qu'il lui avait été prescrit d'éprouver à la place d'un homme disparu, et même de trois si on envisage qu'elle était, selon les circonstances, mise à la place d'un mari ou d'un fils par sa grand-mère, et d'un conjoint par sa mère. Il n'est donc guère étonnant qu'elle ait emprunté aux hommes un signe distinctif en ce milieu du XIXe siècle : fumer la pipe. Elle s'habilla également en homme, et comme son père était mort brutalement d'une chute de cheval, elle fit le choix de porter un pantalon et des bottes de cavalier...

La légende de Perceval le Gallois

Les *Romans de la Table ronde* sont le premier récit initiatique de la littérature française. Rédigé par Chrétien de Troyes à partir d'anciennes légendes celtiques, cet ouvrage nous raconte comment le roi Arthur réunit autour de lui quelques chevaliers valeureux pour tenter de retrouver le Graal, qui n'est autre qu'un vase sacré contenant le sang du Christ recueilli au moment de la crucifixion. La quête est donc exceptionnelle par son enjeu, mais elle l'est aussi par ses conditions. Pour y parvenir, les chevaliers élus doivent associer aux qualités traditionnelles de la chevalerie celles de la sainteté et, sur ce chemin, ils sont chacun confrontés à des tentations qui correspondent à leurs faiblesses : pour l'un, c'est l'attirance sexuelle ; pour un autre, la forfanterie et l'orgueil ; pour un troisième, le découragement. Mais la tentation que Perceval affronte renvoie à une histoire personnelle singulière.

Il est en effet un jeune garçon que sa mère a tenté de protéger en lui cachant les conditions dans lesquelles son père est décédé. Celui-ci était un chevalier valeureux mort au combat précocement avant la naissance de Perceval. Afin d'éviter à son fils un destin aussi tragique que celui de son père, la mère du garçon décida donc de lui cacher non seulement l'activité de son père et les conditions de sa mort, mais aussi l'existence même des chevaliers. Cette mère pensait que si Perceval avait connaissance de ceux-ci, il voudrait le devenir à son tour, avec le risque de connaître le même sort. Elle éleva donc son fils à la campagne et en fit un berger dont la seule pratique des armes se limitait à une fronde.

Malheureusement pour elle, Perceval aperçut un jour, scintillant sous le soleil dans leur armure splendide, un groupe de chevaliers. Il les prit d'abord pour des anges venus du ciel revêtus d'une tenue de lumière, et cette confusion était bien compréhensible si on a à l'esprit que son père était mort au combat dans une armure semblable. Bien entendu, Perceval désira aussitôt devenir à son tour chevalier. Sa mère essaya de l'en dissuader, mais rien n'y fit. Il partit à la cour du roi, rencontra un cavalier belliqueux en chemin, l'assomma avec sa fronde, s'empara de son armure et de ses armes, et fit valoir sa bravoure auprès d'Arthur. C'est ainsi qu'il fut associé à la quête du Graal.

Les nombreuses péripéties qu'il rencontra sur cette voie n'ont aucun rapport avec le secret qui avait pesé sur ses origines. En revanche, le dénouement de sa quête lui est directement lié. Perceval est en effet le premier chevalier à parvenir au château du roi Pêcheur. Là, il voit passer une procession portant une lance, puis un vase. Cela lui paraît très énigmatique mais, comme sa mère lui a appris à ne pas poser de questions, il ne demande rien. La procession s'achève, Perceval va dormir et, le lendemain, il s'éveille dans la forêt. Il apprend alors qu'il a été élu pour rompre la malédiction qui frappe le roi Pêcheur et rapporter le Saint Graal à la cour d'Arthur. Pour parvenir à ce double but, il aurait suffi qu'il pose simplement les deux questions venant à l'esprit de tout visiteur confronté à ces circonstances : « À quoi correspond cette lance ? » et « Qu'y a-t-il donc dans ce vase ? »

Tout autre chevalier que Perceval l'aurait fait sans hésiter. Mais justement, lui seul est confronté à cette situation parce qu'il est le seul pour lequel cela constitue une épreuve. N'oublions pas que chacun rencontre dans ce roman une difficulté qui lui est spécifique. Celle de Perceval est de désobéir à sa mère qui lui a appris à ne jamais poser de questions. Seule cette désobéissance pouvait remplir les objectifs fixés par le roi Arthur. Mais Perceval a grandi dans une famille où pesait un secret douloureux. Cela ne l'a pas empêché de devenir courageux, habile, entreprenant, mais cela a fait de lui un être s'interdisant de questionner. C'est pourquoi, aussitôt que la réussite de son entreprise dépend de sa curiosité, il échoue lamentablement.

Il en est souvent ainsi dans les familles à secret : les enfants qui y grandissent peuvent très bien réussir, mais en amputant leur personnalité d'une richesse essentielle, la curiosité. Ces personnes deviennent parfois des employés zélés et obéissants. Quand elles ont les capacités requises, elles accèdent à des postes importants car leurs supérieurs apprécient le fait qu'elles appliquent les ordres – tous les ordres – sans poser de questions. La « réserve » et la « discrétion » dont elles sont capables leur sont d'autant moins lourdes qu'elles relèvent chez elles d'un apprentissage précoce. Tout ce qui leur est ordonné est accompli avec zèle... avec le risque de se retrouver un jour en prison ou devant un tribunal. Quand c'est le cas, elles s'indignent et ne comprennent pas pourquoi : elles ont toujours agi comme on leur demandait de le faire, et ce depuis leur plus tendre enfance. En fait, pour comprendre ce qui leur arrive, il faudrait remettre en cause le système éducatif qui leur fait précocement écarter d'elles les émotions qui nourrissent la curiosité...

La honte apprise du sexe féminin

Si toute honte est apprise, celle du sexe féminin l'est tout particulièrement. Et la psychanalyse qui a tant œuvré pour libérer le désir a fait preuve dans ce domaine d'une étrange cécité. En témoigne un concept nullement nécessaire à sa théorie, et encore moins à sa pratique : l'« envie du pénis chez la femme ».

C'est le mérite de Maria Torok d'avoir montré qu'il n'y a pas d'envie du pénis chez la femme au sens où il pourrait y avoir chez elle le désir de posséder un sexe masculin [1]. Il existe en revanche une envie du « pénis idéalisé », commune aux hommes et aux femmes et liée au pouvoir

1. Torok M., « L'envie du pénis chez la femme », Chasseguay-Smirgel J. et coll., *Nouvelles recherches sur la sexualité féminine*, Paris, Gallimard, 1972.

phallique qui lui est attribué. C'est ce que rappelait l'humoriste Coluche. À la question de savoir s'il désirait changer de sexe, il répondait : « Oui, bien sûr, j'en voudrais un plus gros. » En fait, il y a deux raisons à l'idéalisation du pénis, que ce soit par l'homme ou la femme.

La première est sociale : la fillette voit bien que son père a des prérogatives et des pouvoirs que sa mère n'a pas. Il est le « chef de famille ». Mais, quand bien même l'égalité des hommes et des femmes serait socialement instaurée, cette envie du pénis idéalisé ne disparaîtrait pas pour autant chez les fillettes. La cause principale réside en effet dans le désir, commun aux garçons et aux filles, d'échapper à des soins maternels qu'ils vivent comme une intrusion menaçante... même s'ils ont par ailleurs le bonheur d'en bénéficier. L'angoisse d'une mère contraignante et envahissante, qui serait en quelque sorte propriétaire du corps de l'enfant, est partagée par tous les êtres humains quel que soit leur sexe. Tous doivent apprendre à s'aligner sur les rythmes d'alimentation et de défécation imposés par la mère. Et même lorsqu'elle ne contrôle plus ceux-ci depuis longtemps, l'enfant peut encore avoir l'impression que c'est le cas dans la mesure où elle continue à préparer la nourriture, c'est-à-dire à contrôler les entrées...

Or cette angoisse commune reçoit un traitement différent selon le sexe. Le petit garçon possède un organe qui, tout en faisant partie intégrante de son corps, lui est extérieur : son pénis. Il abandonne alors d'autant plus facilement le contrôle de ses fonctions digestives à sa mère qu'il investit cette partie de lui-même. Son tube digestif et tout ce qu'il y a dedans ne lui appartiennent peut-être pas, mais son pénis, qui en est comme détaché, est sa propriété exclusive. La petite fille n'a pas cette chance. Elle aussi découvre très tôt qu'une partie de son corps est exceptionnellement sensible et peut lui procurer de grands plaisirs. Mais cette zone est si proche des fonctions digestives sur lesquelles la mère exerce un contrôle que la fillette imagine facilement que sa mère veille aussi sur cela... Elle envie alors le pénis du petit garçon comme un moyen bien pratique de se donner du plaisir sans avoir l'impression d'empiéter sur les prérogatives maternelles. Bien sûr, les choses ne sont pas aussi simples pour les garçons que ce que les fillettes l'imaginent, mais leur désir d'échapper à ce qu'elles vivent comme un contrôle omnipotent de leur mère les incite à de telles rêveries.

Dans le sillage de l'« envie du pénis », la psychanalyse a produit deux autres concepts discutables : le « complexe de castration » et l'« enfant comme substitut du pénis ». S'agissant du premier, rappelons que, pour Freud, l'homme vivait dans l'angoisse de la castration, mais que la femme, elle, en était tenue à l'écart parce qu'elle serait déjà anatomiquement castrée ! Alors que le mot de « castration » renvoie pour les deux sexes à l'amputation des organes génitaux, la définition freudienne s'entendait donc uniquement comme « castration du pénis ». Or il existe bien, chez les enfants, une angoisse et une amertume, mais celle-ci ne peut se laisser réduire à l'angoisse qu'on la lui « coupe » chez le garçon et à celle qu'on la lui ait « déjà coupée » chez la fille ! Pour les deux sexes, la difficulté principale est de devoir se contenter du sexe qu'on a sans jamais pouvoir jouir de celui de l'autre, sauf à travers le sien propre au moment des relations sexuelles. L'être humain est homme *ou* femme et il ne peut jamais être l'un *et* l'autre. Autrement dit, l'angoisse de castration rapportée au sexe consiste dans le fait d'être enfermé dans une identité sexuelle arrêtée et définie. En outre, chez tout enfant, et quel que soit son sexe, il s'y ajoute le fait que ses désirs sexuels sont confrontés à l'inquiétude d'avoir des organes génitaux beaucoup plus petits que ceux des adultes qu'il côtoie. Enfin, le désir d'enfant ne saurait se réduire à celui d'un substitut du pénis car il serait alors totalement incompréhensible chez l'homme. Or ce n'est pas le cas, même si ce désir peut être plus ambivalent que chez la femme.

On voit que de nombreuses émotions éprouvées comme « authentiques » autour de la sexualité sont en fait des émotions apprises, ou plutôt des émotions dont la signification première a été détournée. La fillette rêve bien parfois d'avoir un pénis qui lui permettrait de s'affranchir plus vite de l'emprise maternelle, mais ce pénis-là n'a rien à voir avec le petit appendice qu'exhibent les garçons. C'est un gage de liberté, pas de conquête, et encore moins de virilité. La preuve que ce pénis rêvé n'a rien à voir avec le pénis réel est que la plupart des hommes restent tout autant inféodés à leur mère que les femmes, même si c'est différemment. Enfin, ce n'est pas parce que la fillette imagine, à un moment de son histoire, que la possession d'un pénis lui assurerait l'indépendance qu'elle reste figée dans cette attente toute sa vie durant.

La honte, porte d'entrée pour de nombreuses émotions prescrites

La honte brise le contact que la victime entretient avec ce qui sert de support à ses émotions, à savoir un partenaire privilégié intériorisé qui fonctionne un peu comme une mère aimante et empathique [1]. Or quiconque perd la capacité de partager ses émotions avec un partenaire intérieur qui les authentifie devient une proie vulnérable. À défaut de trouver à l'intérieur de lui la voix qui le console et le réconforte, il s'abandonne facilement à celui qui prétend lui accorder ce soulagement. Dans la torture, c'est le bourreau, et dans les diverses formes de violences et d'humiliations sociales, c'est le groupe. Celui chez qui le dialogue émotionnel intérieur a été brisé en est réduit à des émotions de commande : rire de ce qui amuse ses pairs, s'affliger de ce qui les inquiète, adhérer sans réserve à leurs jugements, s'indigner de ce qui les scandalise ou encore admirer et aimer un chef que la majorité semble plébisciter. L'adhésion à ces émotions fabriquées découle de la fracture imposée à la personnalité par la honte. C'est pourquoi les systèmes totalitaires ont tous recours à celle-ci et que la torture en fait un large usage. En imposant la honte, le bourreau fait perdre tout repère à sa victime et la rend disponible aux siens. Celle-ci adhère au système qu'on lui propose comme le seul moyen de préserver le peu d'humanité qui lui reste.

Quiconque éprouve la honte est peu ou prou dans la même situation. Son estime de lui-même s'effondre et il est prêt à adopter les repères de celui qui l'a honni. C'est pourquoi les parents qui font honte à leur enfant à des fins éducatives commettent une erreur grave. Ils croient utiliser un levier efficace pour engager celui-ci plus rapidement dans des apprentissages qu'ils jugent indispensables, mais ils font malheureusement autre chose à leur insu : ils développent chez lui une zone de honte sur laquelle des partenaires mal intentionnés pourront plus tard s'appuyer.

---

1. Voir chapitre 1.

Il pourra s'agir d'un adulte pédophile. Le regard que l'agresseur fait peser sur l'enfant, les gestes brutaux qu'il a éventuellement à son égard, les mots qu'il utilise pour faire porter à sa victime la responsabilité de ses propres actes, tout cela rencontre chez un enfant un terrain d'autant plus propice à la honte que celle-ci lui a été imposée dans l'enfance. Bien entendu, les mots et les gestes de l'agresseur peuvent aussi à tout moment imposer à la victime une honte inconnue d'elle. Mais la victime court d'autant plus le risque de taire l'agression sexuelle dont elle a été victime que celle-ci réveille en elle un traumatisme de honte précocement imposé par les parents. Car l'abuseur ne se contente pas de provoquer la confusion chez sa victime. Il tente aussi d'utiliser celle-ci pour que sa proie considère comme normal et librement consenti ce qu'il lui impose pourtant de force. Il dit par exemple à l'enfant : « Une brave petite fille (ou un brave petit garçon) doit avoir honte de ne pas obéir. » Quitte à ce que, sitôt la séduction consommée, la honte soit invoquée sous une forme opposée : « Si tu parles de ce qui s'est passé, toute la honte retombera sur toi ! » L'enfant chez qui un adulte a ouvert les voies de la honte devient ainsi une proie facile pour tous ceux qui souhaitent l'asservir à leurs désirs pervers.

Mais l'utilisation du levier de la honte ne se rencontre pas seulement dans les situations d'abus sexuel. Elle est malheureusement courante dans la vie professionnelle : dans le film *Kids Return* (1995) de Takeshi Kitano, un patron fait honte à ses employés en les traitant de « voleurs » parce qu'ils ne lui rapportent pas assez d'argent...

Mettre la honte en jeu dans l'apprentissage de la propreté, du langage ou de la vie sociale, c'est donc ouvrir chez l'enfant une porte que tous ceux qui voudront plus tard lui imposer leur volonté n'auront qu'à pousser à leur tour. C'est pourquoi aucune éducation ne justifie qu'on fasse honte à un enfant. S'il mouille son lit trop longtemps, ce n'est certainement pas ainsi qu'on le fera changer. Le désir d'un parent que son enfant ait de bons résultats scolaires n'excuse pas non plus de recourir à la honte. Elle crée un terrain trop favorable pour toute autorité tentée de l'utiliser plus tard dans le but d'encourager la soumission... même si celui qui l'a éprouvée précocement n'en garde aucune mémoire. Car si la situation de honte peut facilement être oubliée, ses conséquences, elles, ne le sont jamais. Elles subsistent sous la forme de destructions et de fixations qui perturbent à jamais la vie psychique et relationnelle de celui qui en a été un jour marqué.

Chapitre 4

Les émotions de proximité engendrent les fantômes

Dans son film *Mystic River* (2003), Clint Eastwood montre un homme d'une quarantaine d'années racontant une histoire à son fils au moment de l'endormir. Il y est question d'un enfant effrayé par un monstre et qui s'enfuit, sans doute une histoire proche de ce qu'est chez nous *Le Petit Chaperon rouge*. Mais soudain, le spectateur assiste à un changement brutal dans l'intonation et les mimiques de ce père. Il comprend que celui-ci ne décrit plus la fuite d'un garçon surpris par un loup, mais sa propre course éperdue lorsque, vingt ans plus tôt, il s'est échappé de la cave dans laquelle deux pédophiles l'avaient séquestré pour abuser de lui. Cet homme ne raconte plus un conte, il ne raconte pas non plus son histoire de façon explicite, il met littéralement en scène un traumatisme secret... et destiné à le rester.

À un autre moment, Clint Eastwood nous montre ce même père « scotché » devant son téléviseur en train de regarder un film de vampires dont il paraît se délecter. C'est du moins ce que semble croire sa femme, et c'est ce que le spectateur est également invité à imaginer. Mais là encore, les choses basculent, et nous découvrons que ce ne sont pas des vampires grimaçants que cet homme voit sur l'écran, mais ses abuseurs qui le hantent. Bref, il donne l'impression de regarder les images d'un film, alors qu'en réalité, il visionne le document intime de son traumatisme. Sur ce chemin, il revit bien sûr la peur, l'angoisse, le désespoir et la rage impuissante de l'adolescent qu'il a été. Mais à d'autres moments, il manifeste aussi des mimiques d'exaltation et de jouissance. Celles-ci, à la différence des précédentes, ne correspondent pas à des émotions qu'il a vécues lui-même, mais à celles qu'il a observées chez ses abuseurs… ou qu'il leur a imaginées. Preuve en est qu'il confie soudain à sa femme que ces deux hommes ont vraiment « pris leur pied avec lui », comme s'il s'identifiait fugitivement à eux l'espace d'un instant.

Venons-en maintenant à l'enfant de ce couple. A-t-il le même âge que celui de son père au moment du viol ? Il n'est pas rare en effet qu'un traumatisme d'enfance soit réveillé chez un parent au moment où l'un de ses enfants atteint l'âge qu'il avait lui-même au moment du drame. Rien ne nous est dit non plus de ses réactions. Observe-t-il son père ? A-t-il l'habitude de regarder ces films de vampires avec lui ? Que se passe-t-il entre eux à ce moment-là ?

Si le film de Clint Eastwood est muet sur ces différents aspects, l'observation des enfants nous permet d'aller plus loin. Lorsque l'un d'entre eux est confronté à une telle situation, il a toujours tendance à reprendre à son compte les émotions qui submergent son parent. Ce n'est plus son interlocuteur qui les lui impose, comme dans le cas des émotions prescrites, mais lui-même qui fait la démarche de se les approprier. Pour cette raison, on peut dire qu'il s'agit d'« émotions de proximité ».

L'effort pour traduire à l'intérieur de soi ce que l'autre est censé éprouver

Le mécanisme par lequel se constituent les émotions de proximité évoque par certains aspects les interactions émotionnelles entre un bébé et un adulte qui lui fait face. Dans de telles situations, le bébé vocalise et gesticule, et l'adulte lui répond. Puis le premier communique à nouveau de telle façon que les réactions émotionnelles de chacun sont confirmées et renforcées par celles de l'autre [1]. Ce processus s'appuie constamment sur l'observation mutuelle, notamment dans les mimogestualités qui sont à chaque instant partagées.

Les émotions de proximité entre un adulte et un enfant obéissent à un processus un peu différent. La tentative de mettre en résonance deux mondes internes est ici unilatérale. L'un des deux partenaires observe les mimiques et les gestes de son interlocuteur de façon à traduire, à l'intérieur de lui, ce que l'autre est censé éprouver, sans que cela se manifeste forcément de la même manière. Cette attitude se rencontre chez ceux qui ne sont pas capables de reconnaître la valeur de leurs propres émotions et qui sont tentés pour cela d'y substituer celles de leurs proches, comme les jeunes enfants. Elle peut cependant survenir chaque fois qu'une personne est dans une grande dépendance émotionnelle par rapport à une autre.

Les choses se passent ainsi : un adulte s'abandonne à des émotions intenses et indicibles, soit qu'il ne veuille pas en

1. Stern, D.N., *Le Monde interpersonnel du nourrisson, une perspective psychanalytique et développementale*, Paris, PUF, 1989.

parler, soit qu'il ne le puisse pas, et l'enfant qui est proche de lui s'aligne sur elles. Il réagit de cette façon pour deux raisons principales. La première est liée à l'intensité des débordements émotionnels que manifeste l'adulte, et la seconde concerne sa tentative de donner du sens à ce que son parent éprouve, et qu'il ressent en empathie avec lui. Enfin, il s'y ajoute parfois une troisième raison. Quand les émotions éprouvées par le parent sont douloureuses, l'enfant peut s'imaginer le soulager en éprouvant les mêmes choses, bien que ce ne soit évidemment jamais le cas.

Alors que la métaphore de l'effraction convient parfaitement pour désigner les émotions prescrites, c'est plutôt celle de la contrebande qui conviendrait à ces émotions de proximité : elles sont importées en cachette d'un sujet vers un autre sans que celui qui les éprouve en premier lieu ne s'en rende toujours compte. Mais cette comparaison a également ses limites. Dans la contrebande, le pays d'où sort frauduleusement un produit l'a fabriqué pour l'exportation. Dans le cas des émotions de proximité, en revanche, la personne qui est une source d'émotions pour une autre ne se rend pas toujours compte que c'est le cas[1].

Enfin, signalons que la prise en charge des fixations émotionnelles qui résultent de ces situations est très diffi-

1. Les émotions de proximité et les émotions prescrites peuvent coexister. C'est notamment le cas lorsqu'un enfant subit une agression sexuelle. D'un côté, il installe à l'intérieur de lui la honte et la culpabilité que son séducteur le pousse à éprouver en lui disant par exemple : « C'est de ta faute, c'est toi qui m'a excité(e), tu devrais avoir honte ! » Mais, même en l'absence de telles injonctions, l'enfant a tendance à s'approprier les émotions qu'il pressent chez son abuseur, et la honte et la culpabilité peuvent en faire partie.

cile. S'attaquer à une émotion qui fait « colle » entre un individu qui en souffre et un autre auquel il reste ainsi imaginairement lié n'est pas une mince affaire ! Personne ne renonce facilement à une émotion qui lui semble préserver un lien privilégié, même si cette émotion est désagréable. En outre, reconnaître comme telle une émotion de proximité est souvent difficile. Elle se présente avec les mêmes attributs qu'une émotion qui a été vécue en relation avec des enjeux personnels, et parfois elle engendre les mêmes symptômes. Pourtant, la guérison emprunte dans les deux cas des voies très différentes. Lorsque le symptôme est personnel, la recherche de sa cause peut conduire à sa résolution. Au contraire, dans le cas d'une émotion de proximité, c'est le lien entre les deux partenaires qu'il faut comprendre, et précisément les raisons pour lesquelles cette émotion les a si intimement réunis.

En attendant, l'enfant qui prend les émotions d'un autre pour les siennes n'a pas d'autre issue que de tenter de trouver un sens à ce qu'il éprouve. Et sur ce chemin, il est parfois tenté de s'imaginer victime... ou agresseur.

Le fantôme de la chèvre de Monsieur Seguin

Violée à l'adolescence au moment d'une fugue, Sarah avait porté ce drame comme une tache que rien ne pourrait effacer. Elle n'avait évidemment jamais confié cet événement à son fils... et aurait été bien étonnée d'apprendre qu'elle lui en parlait pourtant souvent ! Il est vrai que c'était à son insu. Elle avait pris l'habitude de lui lire presque chaque soir la même histoire, qu'il réclamait d'ailleurs sans cesse, celle de la chèvre de Monsieur Seguin. Mais il faut croire qu'elle la racontait avec une intensité émotionnelle bien particulière. Preuve en est que son fils, une fois devenu adulte, lui fit part de la question qu'il s'était toujours posée en l'écoutant : « À quoi ressemblait donc le loup ? »

Sarah comprit alors que cette histoire était en fait la sienne. À la différence de la chèvre de Monsieur Seguin, le combat qu'elle avait mené, et perdu, contre le loup ne lui avait pas coûté la vie, mais elle en était restée marquée à tout jamais. Chaque fois qu'elle racontait cette histoire, elle revivait sa désobéissance, sa peur, l'agression dont elle avait été victime et finalement sa défaite. Tout s'éclairait. Si le fils de Sarah réclamait si souvent cette lecture, ce n'était pas pour l'intérêt qu'il y trouvait, mais pour l'extraordinaire présence qu'il sentait chez sa mère lorsqu'elle la racontait. Alors que cette femme était souvent plongée dans ses pensées dépressives, ce moment donnait au garçon l'impression d'accéder à une vérité sur elle. Il avait également compris qu'un visage habitait en ce lieu, et sa question de savoir « à quoi ressemblait le loup » en témoignait.

Le problème est que sa mère n'évoquait de sa vie que des choses très ordinaires. Alors, que devait-il croire ? Ce qu'il comprenait à demi-mot à travers ce récit, ou bien le fait que sa mère lui parle toujours de son adolescence comme d'une période « sans histoire » ? Il pouvait d'autant moins imaginer sa mère violée à l'adolescence que celle-ci désirait qu'il ne le sût jamais. En se demandant « à quoi ressemblait le loup », il tentait au moins de se représenter le visage qui hantait la mémoire de sa mère. Bref, il savait que cette histoire de chèvre et de loup en cachait une autre, mais il comprenait aussi qu'il lui était interdit de voir la seconde derrière la première. Sa question était le fruit d'un compromis : elle respectait la convention du conte tout en faisant comprendre à sa mère qu'il n'était pas dupe.

Le problème est que vers l'âge de quinze ans, ce garçon commença à aller très mal. Il se mit à fréquenter des lieux et des personnages louches. Sa représentation d'une rencontre sexuelle était catastrophique et chargée de violence : c'était celle d'une mise à mort. Bref, ce garçon se mit à jouer à son tour le rôle de la chèvre de Monsieur Seguin, peut-être avec le secret espoir de voir enfin le visage du loup... L'histoire que sa mère lui avait racontée avec tant d'intensité était devenue pour lui un support d'identification. À défaut de pouvoir clairement la situer dans le passé de sa mère, il la projetait dans son propre avenir. Et s'il était tenté de devenir la chèvre de l'histoire, ce n'était pas du fait de craintes ou de désirs personnels, mais comme une tentative de rester proche de sa mère à un moment où il se sentait s'éloigner inexorablement d'elle.

Ce récit récurrent ne lui avait pas permis de prendre de la distance par rapport aux figures inquiétantes de son monde intérieur, comme le font en général les contes. Il l'avait au contraire incité à s'identifier à l'une d'entre elles pour tenter d'y découvrir le secret d'un autre, sa mère.

Revenants et fantômes, de la tradition médiévale à la psychologie

Des situations comme celles qu'évoquent le film de Clint Eastwood ou l'histoire de Sarah nous confrontent aux ricochets d'un secret douloureux sur la descendance. Tout se passe comme si un enfant pouvait souffrir d'un drame qu'il n'a pourtant pas connu personnellement. Mais comment cela est-il possible ?

Depuis longtemps, il a été remarqué qu'une tranche de vie gardée secrète à une génération peut perturber les suivantes. Cette constatation aboutit même, au Moyen Âge, à faire une grande place aux revenants et aux fantômes. Les uns et les autres ont en commun de s'accrocher à certains vivants et de refuser de s'effacer, mais c'est de façon bien différente.

Commençons par les revenants. Dans la tradition médiévale, ils correspondent à des personnes qui viennent juste de décéder et qui apparaissent à certains de ceux qui les ont côtoyés de leur vivant. Mais ils ne hantent jamais sans raison. Tout d'abord, ils reviennent lorsque les rituels de deuil prévus par l'organisation sociale ne se sont pas déroulés correctement. C'est par exemple le cas si le corps d'un disparu n'a pas pu être enseveli selon la coutume ou encore quand il y a eu suicide. Ces diverses sortes de morts sont généralement jugées maléfiques[1]. Mais la société médiévale insiste aussi sur le fait que certains défunts reviennent visiter ceux des vivants avec lesquels ils ont noué des liens que rien ne peut rompre, même pas la mort. Les complicités honteuses, les connivences coupables et toutes les formes de pactes secrets peuvent ainsi devenir le prétexte du retour d'un mort vers celui qui lui a survécu.

Les fantômes, au contraire, correspondent à des morts qui n'ont eu aucune attache avec le vivant auquel ils s'adressent. C'est pourquoi, alors que le revenant est reconnu aussitôt, le fantôme, lui, doit se nommer. Dans l'iconographie médiévale, cette différence entre revenants et fantômes est clairement représentée[2]. Les premiers sont figurés avec les traits

1. Schmitt, J.-C., *Les Revenants, les Vivants et les Morts dans la société médiévale*, Paris, Gallimard, 1994.

2. *Ibid.*

du vivant qu'ils étaient et seuls quelques détails – comme un pied nu alors qu'il devrait être chaussé – indiquent qu'il s'agit de morts. En revanche, les fantômes sont en règle générale impossibles à identifier : ils ont vécu il y a trop longtemps et il leur arrive volontiers de se cacher sous un drap blanc, voire de se rendre invisibles.

Cette opposition se retrouve jusqu'à nos jours. Les fantômes écossais qui hantent les chambres des voyageurs de passage sont inconnus d'eux, et il en est de même de ceux qui déambulent, la nuit, dans les couloirs du fameux château de Poudlard où Harry Potter et ses amis sont pensionnaires. Ce caractère intemporel leur fait d'ailleurs souvent habiter un tableau qui les représente, sans doute pour pouvoir être identifiés... et c'est encore le cas dans les *Aventures de Harry Potter* !

Cette distinction traditionnelle entre revenants et fantômes se retrouve de la même manière en psychologie. Les premiers sont des personnes que nous avons connues et qui reviennent nous hanter. Mais comme la culture a changé, ces revenants n'ont plus l'apparence des vivants ; ils viennent plutôt troubler notre monde intérieur sous la forme de pensées obsédantes ou de rêves à répétition. Bref, les revenants se sont « intériorisés ». Ils ne sont plus des morts qui se rebellent contre la volonté d'oubli des vivants en venant pour cela hanter leur maison, mais des disparus dont le souvenir douloureux, toujours présent chez les vivants, révèle la difficulté du « travail de deuil ». En forçant le trait, on pourrait dire que ce n'est plus le mort qui s'impose au vivant, mais le vivant qui souhaite ressusciter le mort. Cela va parfois jusqu'à l'inviter à prendre possession de soi : nous connaissons tous des personnes qui semblent habitées par un mort qu'elles ont connu, au point de s'habiller, de parler ou même d'agir comme lui. C'est cela, être hanté par un revenant.

Alfred Hitchcock, avec son art consommé de la dramatisation, nous a donné l'illustration quasi littérale de cette situation. Dans son film *Psychose*, le héros – joué par Anthony Perkins – revêt épisodiquement les vêtements de sa mère morte et s'affuble d'une perruque pour assassiner, pour ainsi dire à sa place, les jeunes femmes par lesquelles il se sent attiré. Cette grave maladie qu'est la psychose produit de telles dissociations extrêmes de la personnalité. Dans la vie ordinaire, celles-ci sont évidemment moins spectaculaires parce qu'elles n'engagent en général qu'un seul registre de comportement : parler subitement avec les phrases d'un disparu, *ou bien* adopter quelques instants ses intonations, ses mimiques ou même ses colères, *ou bien* encore s'habiller, sans même s'en rendre compte, exactement comme lui à l'occasion d'un événement familial. De telles attitudes n'ont rien d'exceptionnel. Le problème est que si des revenants prennent trop souvent possession d'un parent, les enfants de celui-ci risquent bien de se retrouver hantés à leur insu par un fantôme...

L'enfant aux prises avec les revenants familiaux

Un parent en proie à un ou plusieurs revenants se comporte souvent de façon incompréhensible pour son interlocuteur.

Tout d'abord, il peut se mettre à parler comme si un étranger s'exprimait par sa bouche. Par exemple, il vocifère ou crie comme il a entendu – ou imaginé – quelqu'un le faire dans son passé. L'écrivain Serge Valetti brosse ainsi le portrait d'une femme hurlant tour à tour avec la voix d'une victime et celle d'un assaillant, au point que les voisins appelèrent un jour la police en pensant qu'il s'agissait d'une agression [1] ! D'autres fois, le parent en proie à un revenant se comporte vis-à-vis de son enfant comme si celui-ci était le disparu en personne, à la manière de la grand-mère de George Sand qui prenait alternativement la fillette pour son propre père ou pour son fils, tous deux décédés. Enfin, l'enfant peut être pris à témoin d'un récit incompréhensible qui n'est autre que l'histoire traumatique maquillée d'un parent, comme dans le film de Clint Eastwood ou dans le cas de Sarah.

Un adulte place même parfois son enfant dans une situation où il l'oblige à jouer un rôle écrit d'avance pour lui. Et pour cause : c'est celui d'un revenant. C'était le cas de cette femme à qui son frère aîné avait imposé des relations sexuelles dans son enfance. Devenue mère, elle emmenait souvent son fils manger une glace ou se promener au jardin public et disait chaque fois, sur un ton de confidence : « Tu n'en parleras à personne, c'est notre secret à tous les deux. » En fait, elle répétait sans s'en rendre compte les mots que son frère aîné avait employés pour qu'elle taise les sévices qu'il lui imposait. En victime résignée, la petite fille qu'elle était répondait alors à chaque fois : « Non, je n'en parlerai pas, c'est notre secret à tous les deux. » Quand le jeune fils de cette femme utilisait à son tour la même expression, il ne savait évidemment pas qu'il se comportait comme le revenant de sa mère. Il la confirmait du même coup dans l'attitude de soumission

1. Valetti, S., *Pourquoi j'ai jeté ma grand-mère dans le Vieux Port*, Paris, L'Atalante, 2000.

qu'elle avait adoptée dans sa propre enfance et la déculpabilisait d'avoir agi ainsi. Mais le problème est que, plus tard, cette attitude risquait d'organiser chez cet enfant une forme de relation au monde marquée par la confidence et l'exclusion du tiers. Les mises en scène de la mère tiraient la vie du fils du côté du secret. Il risquait de devenir quelqu'un qui en fabrique sans cesse, à tout propos et en toutes circonstances, comme pour banaliser à son insu le secret que sa mère avait tant souffert de devoir garder.

Lorsqu'un enfant est confronté à une telle situation, il n'est pas rare qu'il ait l'impression de *ne pas avoir le droit de comprendre ce qui se passe*. Mais les attitudes qu'il met en place peuvent ultérieurement influencer sa vie. Ce sont elles qui constituent l'explication de ce que Nicolas Abraham et Maria Torok ont appelé un « fantôme [1] ».

Les fantômes de l'inconscient

Un fantôme n'est pas un revenant qui fait retour chez quelqu'un à partir d'une relation ou d'un événement qu'il a lui-même vécu. Il est une construction intérieure qu'un enfant se fabrique au contact d'un parent manifestement porteur d'un secret douloureux indicible – qui est en règle générale un traumatisme non surmonté – et pour cela en proie à des revenants. Sa construction s'opère souvent sous l'effet d'émotions intenses vécues en empathie avec le parent à travers des situations répétées. En outre, le souve-

1. Ces deux auteurs méritent un hommage d'autant plus appuyé qu'ils sont souvent pillés et que leur ouvrage, *L'Écorce et le Noyau* (Paris, Aubier Flammarion, 1978), est rarement mentionné.

nir de ces situations est fréquemment effacé de la mémoire car les émotions éprouvées sont si intenses et angoissantes qu'il est bien difficile à l'enfant de prendre de la distance par rapport à elles. Il s'empresse alors d'oublier à la fois ces moments et les constructions par lesquelles il a tenté de les comprendre et d'y faire face. Ainsi, ce qu'il a éprouvé et construit au contact d'un parent porteur de revenant devient un véritable corps étranger dans son psychisme. Un corps étranger qui pourra, plus tard, orienter une partie de sa vie à son insu et sans qu'il ait le souvenir des situations autour desquelles il l'a constitué.

Ces faits ont semblé si énigmatiques aux chercheurs qui les ont découverts, dans les années 1960, qu'ils les ont d'abord attribués à une mystérieuse « communication d'inconscient à inconscient[1] ». Mais nous savons aujourd'hui qu'ils s'expliquent très bien par les gestes, les attitudes et les mimiques échangés entre parents et enfants dans les multiples situations de la vie quotidienne.

Une personne qui a subi un traumatisme – ou qui a été émotionnellement très proche d'une autre elle-même traumatisée – est plus encline à des gestes et à des attitudes ambigus. L'être humain n'échappe jamais totalement aux pensées pénibles qui le préoccupent et il s'en donne toujours des représentations, au moins émotionnelles, par exemple sous la forme de tristesse, d'angoisses ou de colères inexplicables. Le problème est que chaque fois qu'un parent cherche à oublier une situation douloureuse, ses manifestations émotionnelles imprévisibles en relation avec celle-ci fonctionnent pour ses enfants comme autant de messages énigmatiques. Elles mobilisent chez eux des

1. *Ibid.*

angoisses et des images qui sont parfois en relation avec celles que le parent éprouve, et d'autres fois issues de leur seule imagination.

Antoine, par exemple, avait construit une partie de sa personnalité autour de la conviction que son père avait commis des actes abominables et honteux pendant la dernière guerre. En réalité, le silence du vieil homme s'expliquait par la disparition tragique de ses meilleurs amis, pendant l'offensive allemande sur les maquis du Vercors. Mais l'enfant ne pouvait pas s'empêcher de raisonner de la façon suivante : « Mon père semble me cacher quelque chose, or je ne cache moi-même à mes parents que ce qui me fait honte, c'est donc que mon père a accompli des actes honteux. » Bref, ce qui était traumatique pour Antoine, c'est ce qu'il imaginait et pas du tout ce que son père avait réellement fait. Cette honte fonctionnait pour lui à la manière d'un fantôme. C'était une construction liée à un questionnement dont il avait perdu le souvenir, en relation avec les revenants qui hantaient parfois son père.

C'est pourquoi les fantômes sont si difficiles à identifier. Et pourtant ils modèlent nos goûts et nos comportements, notamment professionnels et amoureux, voire se manifestent sous la forme d'angoisses inexplicables, de traits de caractère étranges ou encore de préoccupations bizarres. C'est ce qui se passait pour le fils de Sarah qui agissait comme l'adolescente coureuse de risques qu'était sa mère vingt ans plus tôt. Il aurait pu, dans d'autres circonstances, s'identifier au loup et devenir prédateur, ou au récitant et devenir conteur. L'identification à un pôle ou l'autre de ces situations dépend de très nombreux facteurs. Mais une fois constitué, un fantôme est très difficile à repérer, à la différence des revenants qui peuvent être clairement reconnus – comme lorsqu'une personne endeuillée se met à parler ou à s'habiller à la manière d'un disparu. C'est pourquoi la meilleure façon de les découvrir est d'identifier les revenants qui sont à leur origine, en général à la génération précédente. Car eux sont bien visibles. Et ce repérage est d'autant plus important que, lorsque des parents sont hantés par des revenants, leurs enfants ont toutes les chances de l'être ensuite par des fantômes...

La souffrance en héritage

Les fantômes sont d'autant plus difficiles à dévoiler qu'ils empruntent un masque somatique. Certains enfants de déportés ont ainsi présenté des signes cliniques qui rappelaient ceux qu'ils imaginaient que leurs parents avaient vécus dans leur chair, et qui en étaient parfois l'exacte réplique. De tels symptômes se constituent au carrefour de ce que les enfants imaginent des souffrances passées de leurs parents... mais aussi des difficultés que ceux-ci leur imposent lorsqu'ils sont en proie à leurs revenants. On sait aujourd'hui combien les rescapés de traumatismes graves peuvent présenter des comportements excessifs et étranges en lien avec leurs expériences atroces. Nombre d'enfants nés de parents déportés ont notamment raconté que ceux-ci, sous l'emprise de leurs revenants, leur avaient fait vivre de véritables drames. L'écrivain Jean-Claude Snyders relate par exemple comment son père entrait parfois dans des colères terribles et totalement inattendues au cours desquelles il semblait prendre plaisir à faire souffrir son fils ; et comment, à d'autres moments, ce même père se déprimait gravement de façon mystérieuse sous l'effet d'un défaitisme inexplicable. À tel point que le garçon installa en lui des souffrances qui avaient d'abord été celles que son père avait vécues en déportation, et qu'il en souffrit longtemps[1].

Les enfants soumis à de telles situations s'engagent en outre dans la construction de représentations susceptibles de donner du sens à ce qu'ils éprouvent. Et comme ces représentations ne peuvent pas être verbales – puisque leurs parents ne sont pas disponibles pour répondre à leurs questions et parler avec eux de leurs traumatismes enfouis –, elles ne peuvent être qu'émotionnelles, sensorielles, voire somatiques[2]. Cela peut aller jusqu'à recréer concrètement dans leur propre corps, sous la forme de maladies, les tourments qu'ils imaginent avoir été ceux de leurs parents, comme on l'a vu chez les enfants des déportés. C'est pourquoi il est impropre de parler de « transmission » des traumatismes, et plus juste de dire qu'ils font des « ricochets » d'une génération sur l'autre[3].

Enfin, un dernier moyen s'offre en ultime recours aux enfants de parents gravement traumatisés par des événements gardés secrets. C'est de s'attacher aux objets ou aux lieux auxquels leurs parents semblent témoigner de l'intérêt. À défaut de pouvoir communiquer verbalement avec eux, ils instituent ces lieux et ces objets en supports d'une mémoire indicible qui y serait comme enfermée. Ils s'y cramponnent avec l'illusion d'y trouver un jour la clé des

---

1. Snyders, J.-C., *Drames enfouis*, Lausanne, Buchet-Chastel, 1996.
2. C'est pour cela que le terme d'« identification » n'est pas adapté à ces situations. Il s'agirait plutôt de « concrétisation » (Kogan, I., « The search for the self », *The International Journal of Psychoanalysis*, 1989, vol. 70, part. 4, p. 661-671).
3. Tisseron, S., *Secrets de famille, mode d'emploi, op. cit.*

secrets douloureux jamais évoqués, et de leur compréhension.

Quelle que soit la raison pour laquelle des parents ne parlent pas de leurs traumatismes, leurs enfants sont ainsi toujours menacés par le même risque : vouer un culte sans fin aux objets qui leur ont appartenu, aux espaces qu'ils ont fréquentés, et finalement à la souffrance qu'ils imaginent avoir été la leur.

Bourreau ou victime, pour donner sens aux émotions d'un autre

Dans le film *Benny's Video* (1992) de l'Autrichien Michael Haneke, un adolescent est fasciné par un film montrant l'abattage d'un cochon. Mais on s'aperçoit très vite que ces images résonnent pour lui avec une question impossible à formuler dans sa famille : la participation de son grand-père, et peut-être de son père, au massacre des juifs pendant la dernière guerre. On découvre ensuite que le garçon a dérobé en secret le pistolet à tuer les animaux et, un soir où ses parents sont absents, il ramène une fillette chez lui, puis, comme elle refuse d'utiliser l'arme contre lui, il tire sur elle et la tue. Lorsque les parents reviennent et découvrent le drame, leur personnalité – et leur passé – apparaît clairement. Sans aucune émotion apparente, ils décident de découper le cadavre de la fillette en morceaux minuscules qu'ils font disparaître dans le siphon de l'évier de la cuisine. Appliquant la formule nazie « Pas de cadavre, pas de meurtre », ils réussissent fort bien à effacer toute trace, avec une application et une froideur qui sont à mon avis le vrai sujet du film. Tout serait ainsi oublié à jamais si leur fils n'allait pas les dénoncer au commissariat. Les fautes des nazis autrichiens sont pour la plupart restées impunies, mais dans *Benny's Video*, les parents paient finalement pour un crime, celui de leur fils ! Une interprétation superficielle du comportement du garçon aurait pu laisser imaginer qu'il avait imité la scène qu'il regardait trop souvent sur son écran. Mais en réalité, son intérêt pour ces images et son comportement étrange n'ont entre eux aucun lien de cause à effet. Ils témoignent de la même question et tentent, chacun à sa façon, d'y apporter une réponse.

La tentative de donner du sens à des émotions familiales aboutit heureusement rarement à un comportement agressif, mais plus souvent à se constituer en victime. C'est bien compréhensible. La plupart des traumatismes familiaux concernent des situations dans lesquelles un parent se considère lui-même – à tort ou à raison ! – comme la victime d'un drame.

C'est ce qui était arrivé à Monique. Cette jeune femme se demandait pourquoi elle pensait constamment à des scènes sadomasochistes dont elle était la victime[1]. Elle y pensait même tellement que cela perturbait toutes ses relations. S'abandonner dans les bras d'un homme lui était impossible : elle s'imaginait déjà humiliée. Et ses contacts professionnels avec des hommes provoquaient chez elle une vive excitation sexuelle où elle s'imaginait qu'ils la battaient. Il apparut finalement que la honte de Monique trouvait son origine dans des persécutions que ses parents

1. Une étude plus approfondie de ce cas se trouve dans Tisseron, S., et coll., *Le Psychisme à l'épreuve des générations*, Paris, Dunod, 1998.

avaient subies au cours de la dernière guerre et dont ils ne lui avaient jamais parlé. Ces persécutions les habitaient tellement qu'ils les revivaient parfois à leur insu. Le père de Monique alternait des périodes de sadisme violent pendant lesquelles il humiliait sa fille et des périodes de dépression pendant lesquelles il semblait lui-même humilié par un adversaire invisible. Quant à la mère de Monique, elle faisait souvent à sa fille des confidences énigmatiques sur leur passé, émaillant son discours de réflexions du genre : « Je ne peux pas tout te dire », « Le pire, on ne le dit pas », « Il y a des choses impossibles à raconter », etc.

Ainsi, le père de Monique lui imposait des situations d'humiliations réelles tandis que sa mère l'invitait, par des récits énigmatiques, à fantasmer autour de situations honteuses. C'est sous la conjonction de ces deux influences que la vie intérieure de cette adolescente s'était trouvée envahie par des images d'humiliation accompagnées d'une très forte honte. Ces images la renvoyaient à la fois à ce qu'elle vivait personnellement avec son père et à la proximité fantasmatique que sa mère l'invitait à établir avec elle. Les deux s'étaient trouvées nouées. Les émotions personnelles de crainte ou d'excitation qu'elle éprouvait dans sa vie personnelle se trouvaient alors démesurément exacerbées par ce qu'elle avait vécu avec son père, et en même temps reliées à des images que sa mère l'avait incitée à imaginer.

Les images regardées ensemble portent les fantômes

Nous avons vu que les émotions de proximité supposent une asymétrie relationnelle et une forte curiosité aux émotions de l'autre de la part de celui qui est en situation de dépendance. Or c'est exactement ce qui se passe entre un jeune enfant et un adulte lorsqu'ils regardent ensemble un spectacle d'images, par exemple à la télévision.

C'est ce qui était arrivé à Jade. Cette adolescente de quatorze ans était envahie d'images d'abus sexuel et vivait même des sensations corporelles fortement évocatrices d'un viol. À l'écouter parler, on était irrésistiblement conduit à penser qu'elle avait été abusée dans son enfance, à un moment où elle aurait été trop jeune pour s'en souvenir.

Il y a quelques années, aux États-Unis, un nombre important de femmes qui avaient des images de viol et les sensations physiques correspondantes ont imaginé qu'elles avaient été victimes de sévices sexuels dans leur jeune âge. Et comme les thérapeutes habitués à ces situations savent qu'il est très difficile d'en retrouver le souvenir complet, nombre d'entre eux les ont crues. Parmi ces patientes, certaines ont intenté une action en justice contre celui – père ou frère le plus souvent – qu'elles pensaient de bonne foi être leur violeur précoce. Or la plupart d'entre elles ont perdu leur procès : il a été montré qu'elles n'avaient pas pu être violées comme elles le croyaient et que leurs accusations étaient sans fondement. Et pourtant, ces femmes en étaient intimement convaincues et leurs thérapeutes l'étaient aussi. Comment cela était-il possible ? Ce qui rendait les uns et les autres aussi sûrs du fait, c'est que ces femmes semblaient garder dans leur mémoire le souvenir sensori-moteur d'un abus sexuel. Autrement dit, quand elles pensaient au viol, ce n'était pas seulement avec des idées, c'était avec leur corps tout entier. La tentation était donc grande de penser que les expériences correspondantes avaient été vécues « pour de vrai » puisque, comme on le dit souvent, le corps peut se souvenir de choses que l'esprit a oubliées.

Or il ne faut justement pas toujours se fier à de telles réminiscences. Il arrive que des enfants qui grandissent dans une atmosphère énigmatique tentent de donner du sens à ce qu'ils éprouvent en adoptant les sensations, les émotions et même les états du corps des adultes qui les entourent. C'est exactement ce qui s'était passé pour Jade. Au cours de sa thérapie, elle a fini par se rappeler que lorsqu'elle était toute petite, elle regardait la télévision avec sa mère et qu'il y avait des moments où celle-ci se mettait à transpirer, à souffrir et à geindre doucement. À ce moment-là, cette mère ne voyait plus les images qui défilaient devant elles, mais celles qu'elle portait à l'intérieur d'elle depuis le viol dont elle avait été victime dans son adolescence. Le problème est que sa fillette, à côté d'elle, ignorait tout de cela. Elle reprenait à son compte les états émotionnels et sensoriels de sa mère, alignait ses attitudes corporelles, sa respiration et son rythme cardiaque sur les siens, et se paniquait à la moindre manifestation d'angoisse de celle-ci. En même temps, elle essayait de donner du sens à tout ce qu'elle vivait ainsi et, pour y parvenir, elle tentait de le mettre en relation avec les images qu'elle voyait défiler sur l'écran. Comme celles-ci mettaient le plus souvent en scène des agressions ou des menaces sexuelles, elle avait donc rattaché ses émotions et ses sensations vécues en empathie avec sa mère à de telles représentations. Enfin, dans un troisième temps, elle avait oublié à la fois l'origine de ses états corporels et celle de ces images. À tel point qu'elle croyait éprouver les uns et les autres en relation avec un traumatisme personnel enfoui dans sa mémoire – traumatisme dont elle devrait retrouver la réalité pour guérir –, alors que cette histoire était en réalité celle de sa mère.

Dans de telles situations, le drame secret d'un parent suscite donc chez un enfant des émotions indésirables qu'il est ensuite enclin à attribuer à un événement personnellement vécu. Pour reprendre la distinction que nous avons établie plus haut, on peut dire qu'un fantôme – c'est-à-dire une construction psychique personnelle en relation avec un drame vécu à une génération précédente – se fait passer pour un revenant – c'est-à-dire pour la trace énigmatique d'un événement qu'on a personnellement vécu, mais dont on a perdu la mémoire.

Résonance émotionnelle et influences intergénérationnelles

Plus les parents et les enfants regarderont ensemble des images, et plus cette forme d'influence basée sur la résonance émotionnelle prendra de l'importance. Elle n'est pourtant pas apparue avec la télévision et le cinéma. Comme le montre l'histoire de Sarah, les récits ont aussi ce pouvoir. Et cela d'autant plus qu'on trouve dans les contes – et aujourd'hui dans les très nombreux livres pour enfants – toutes les situations possibles de la vie réelle : voyages, départs, séparations, déménagements, présence ou absence des grands-parents, enfants cachés, maisons hantées, accidents en tout genre, argent d'origine mystérieuse, etc. Dans ce vaste ensemble, les parents font évidemment leurs choix en fonction des valeurs morales et esthétiques auxquelles ils sont attachés, mais aussi de leurs désirs secrets, de leurs traumatismes enfouis, voire de leurs questions restées trop longtemps sans réponse de la part de leurs propres parents.

Pour ce qui concerne les livres d'images, ils sont aujourd'hui si nombreux qu'on pourrait penser que celui qui est la clé de certaines émotions enfouies d'un parent se trouve noyé, dans chaque famille, parmi beaucoup d'autres. Mais ce serait oublier l'importance que le parent lui accorde ! Lorsqu'un tel livre a été offert à un enfant, c'est souvent celui dont il réclame la lecture en priorité. Les tout-petits reconnaissent en effet très bien chez un adulte les signes de l'intérêt émotionnel. Il s'agit par exemple d'intonations plus variées, de mimiques plus animées, voire d'un inexplicable tremblement dans la voix lorsque le parent lit *cette histoire-là*. Les enfants ne comprennent évidemment pas l'origine d'une telle mobilisation affective, mais ils se laissent guider par elle. C'est ainsi que les livres dont ils réclament le plus assidûment la lecture sont souvent ceux qui entrent en résonance avec les préoccupations, conscientes ou non, de l'un ou l'autre de leurs parents, voire de leur famille entière. Il n'y a aucune « transmission de pensée » derrière de tels phénomènes, mais seulement une réceptivité aiguisée des enfants aux émotions de leurs parents. C'est en s'alignant sur elles qu'ils se laissent peu à peu habiter par des émotions étrangères à leur personnalité et liées à des événements qu'ils ignorent.

De tous les vecteurs d'émotions de proximité, la télévision est incontestablement le plus efficace. Il est habituel qu'un enfant soit invité à regarder la télévision en s'installant sur les genoux d'un parent, le dos collé contre la poitrine de celui-ci. Dans ces situations, l'adulte préoccupé par ce qu'il voit représenté sur l'écran manifeste ses états intérieurs de multiples façons tandis que son enfant tente de s'adapter à la situation incompréhensible pour lui en se « calant » sur ce que son parent semble éprouver. Et, à défaut d'un échange avec lui qui donne une signification à ce qu'il ressent, c'est dans les images que l'enfant cherche celle-ci. Si la situation se répète – ce qui a toutes les chances de se produire –, il se trouve alors durablement habité par les émotions d'un autre.

Ces émotions débordantes ne sont pas forcément le résultat, chez l'adulte, d'un traumatisme subi. Elles peuvent aussi témoigner d'une intense excitation sexuelle. Dans ce cas, l'envahissement sensoriel et émotionnel qui saisit l'enfant risque ensuite d'être interprété par lui comme la « preuve » qu'il a subi une agression corporelle, alors que c'est d'une agression psychique qu'il s'est agi. Ce n'est pas forcément moins grave, mais ce n'est certes pas la même chose !

Voilà pourquoi, si nous croyons retrouver dans notre mémoire le souvenir d'un traumatisme précoce, mieux vaut ne pas trop chercher à le préciser ! Nous risquerions de nous convaincre rapidement de sa réalité et d'y croire comme à une certitude même en l'absence de toute autre preuve que les émotions et les états du corps qui l'accompagnent, et qui ne prouvent rien. Mieux vaut partir à la rencontre d'autres réminiscences qui permettent de comprendre comment un adulte proche a pu parfois être submergé par des émotions incontrôlables, et comment celles-ci ont pu nous envahir à notre corps défendant en constituant une véritable intrusion psychique. À la limite, plus on se fixe sur l'idée d'une violence physique réellement subie, plus on diminue ses chances de retrouver le souvenir des proximités intenses qui peuvent détenir la clé de nos états émotionnels les plus énigmatiques.

Chapitre 5

Faut-il parler de ses traumatismes à ses enfants ?

Ne vaut-il pas mieux pour les enfants qu'ils ignorent les difficultés qu'ont traversées leurs parents et les souffrances qu'ils ont vécues ? Si c'était possible, ce serait évidemment préférable. Le problème est que plus un traumatisme a été grave, et plus celui qui l'a vécu se trouve partagé entre deux désirs : se taire pour l'oublier totalement ou tout raconter pour s'en débarrasser au plus vite. Or les deux s'avèrent également impossibles. Parler ne libère pas du désir de continuer à le faire, bien au contraire, et aucun oubli n'est jamais définitif. En outre, dans les deux cas, les émotions risquent à tout moment de nous envahir...

Des enfants malmenés par ce qu'on leur raconte

N'est-il pas dangereux que les adultes évoquent avec leurs enfants les traumatismes qu'ils ont subis ? Ne risquent-ils pas, en agissant de la sorte, de submerger leur progéniture d'émotions étrangères à leur propre vie ? C'est ce que semble démontrer une étude menée auprès d'enfants d'immigrés demandeurs d'asile[1]. Lorsque les parents parlent des traumatismes et des drames qui ont motivé leur départ de leur pays d'origine, leurs rejetons présentent plus fréquemment des signes de souffrance. Les plus jeunes développent des troubles somatiques tandis que les adolescents ont des comportements de repli, d'isolement ou d'agressivité. Les uns et les autres sont en effet confrontés par ces récits à l'angoisse de n'avoir pas pu empêcher ces événements, ou de ne pas parvenir à se les représenter d'une manière qui semble correspondre aux attentes du parent traumatisé.

Dans une famille algérienne immigrée de mes connaissances, le récit – pourtant partiel – que le père avait fait des horreurs auxquelles il avait été confronté semblait responsable de troubles importants chez ses enfants. Ceux-ci présentaient des cauchemars et des accès d'angoisse qui avaient tout l'air d'être en lien direct avec les récits du père. Il est difficile de savoir si celui-ci avait été soulagé de ces confidences, mais il est certain que ses enfants allaient plus mal. Ce n'est pas étonnant. Le témoin oculaire cale son souvenir sur la réalité qu'il a vécue. En revanche, les images suscitées chez ses auditeurs par un récit ne rencontrent aucune limite. Un exposé accompagné de mimiques d'effroi a le pouvoir de faire naître des représentations épouvantables qui dépassent en horreur les événements que le narrateur a traversés. Rien n'arrête leur escalade, alimentée par les fantasmes intimes de celui qui écoute. C'est pourquoi les terreurs qu'éprouve l'auditeur du récit d'un

1. Étude réalisée pour la Sonacotra et l'Unicef auprès de 106 personnes pensionnaires des foyers Sonacotra et demandeurs d'asile (*Le Monde*, mardi 21 octobre 2003).

traumatisme peuvent être bien plus ravageuses que celles qu'a vécues le participant direct de l'événement.

En outre, quand le narrateur est un ami ou un conjoint, les émotions éprouvées en empathie avec lui sont encore plus intenses du fait de la complicité émotionnelle qui les unit. Et *a fortiori* lorsqu'il s'agit d'un enfant confronté au récit d'un parent. Derrière le désarroi de l'adulte, l'enfant entend en effet l'incapacité où serait celui-ci de le protéger si une situation semblable se reproduisait : ce qu'il raconte ne prouve-t-il pas qu'il a été incapable de se protéger lui-même ?

Faut-il en déduire que les parents feraient mieux de taire les malheurs dont ils ont été les victimes, les témoins ou les acteurs ? Soutenir cette position permet à coup sûr de se tailler un franc succès tant sont nombreux les parents qui portent des secrets douloureux sans savoir comment en parler à leurs enfants. Ils n'attendent qu'une chose, c'est qu'un psy leur conseille de se taire ! En fait, ces parents n'ont souvent trouvé personne pour les écouter parler de leurs drames et ils n'ont pu prendre aucune distance émotionnelle par rapport à eux. C'est donc à juste titre qu'ils craignent de perturber leurs enfants s'ils leur en parlaient. Les décharges émotionnelles incontrôlées de ceux qui rompent le silence sont souvent impressionnantes, et quiconque s'y lance risque d'en accabler ses interlocuteurs. Malheureusement, le silence total ne vaut guère mieux...

Des enfants perturbés par ce qu'on leur cache

Si les enfants à qui leurs parents racontent brutalement leurs traumatismes réagissent souvent par des cauchemars et des angoisses, ceux à qui leurs parents ne disent rien ne sont pas protégés pour autant.

D'abord, les traumatismes que les parents ont préféré garder secrets peuvent se trouver brutalement réveillés par des événements imprévus de la vie. C'est ainsi qu'une personne qui a voulu ne pas perturber ses enfants avec un viol qu'elle a subi dans son enfance peut se déprimer brutalement à l'annonce d'une agression sexuelle commise dans son entourage, voire évoquée dans les médias.

Mais les traumatismes vécus par les parents et qu'ils gardent cachés peuvent aussi se révéler de façon étrange et méconnaissable. C'est ce qui arriva à Marc.

Cet homme, aujourd'hui âgé d'une trentaine d'années, se souvient avoir connu un moment d'angoisse extrême alors qu'il avait quinze ans. C'était à l'occasion d'une vive discussion qui l'opposa à une fillette que ses parents avaient invitée chez eux. Soudain, et sans l'avoir aucunement prévu, il la prend dans ses bras et la serre vivement contre lui. Mais une culpabilité immense s'empare de lui. Alors qu'il ne s'est rien passé d'autre que le geste de la serrer un peu fort, il a soudain l'impression de l'avoir violée ! Les rares fois où il évoquera plus tard cet épisode, la réaction de son interlocuteur sera toujours la même : rien ne justifie qu'on parle de viol et cette culpabilité est excessive et déplacée. Mais rien non plus ne détourne Marc de la conviction d'avoir porté ce jour-là un préjudice irréparable à la fillette.

Au cours de sa thérapie entreprise quinze ans plus tard, Marc est amené à examiner cet événement sous un jour nouveau : s'il a éprouvé une telle angoisse au moment où il a commencé à serrer cette fillette contre lui, c'est peut-être parce qu'il a été lui-même victime de sévices sexuels précoces. Bref, Marc aurait commencé à faire à un autre enfant ce que lui-même aurait subi plus jeune. Et c'est le souvenir brouillé de ce qu'il avait vécu à ce moment-là qui aurait arrêté son geste. Quant à sa culpabilité extrême, elle serait celle qu'il aurait éprouvée au moment de l'abus dont il aurait lui-même été victime. Autrement dit, la culpabilité d'être à l'origine d'un abus sexuel aurait initialement concerné un abus commis contre lui. Une telle situation, apparemment paradoxale, n'est pas rare. La victime lutte souvent contre l'angoisse d'avoir été contrainte à la passivité en cultivant l'idée qu'elle aurait déclenché elle-même l'agression. Ce mécanisme se retrouve chez beaucoup d'enfants sexuellement abusés.

Soutenu dans ce sens par son psychothérapeute du moment, Marc retrouva le souvenir de ces sévices. Cela se serait passé alors qu'il regardait des images pornographiques avec un camarade âgé de trois ans de plus que lui. Celui-ci aurait abusé de lui. Pour vérifier cette hypothèse, Marc lui en parla. Le camarade répondit qu'il n'en avait aucun souvenir, bien qu'il se rappelle lui aussi des revues pornographiques que son père laissait traîner et que les deux enfants regardaient ensemble. Pour preuve de sa bonne foi, il proposa même d'accompagner Marc chez son thérapeute pour chercher la vérité avec lui !

Les propos de ce camarade effacèrent instantanément les inquiétudes de Marc. En revanche, ils le laissaient sans explication quant à la culpabilité extrême qu'il avait ressentie à l'âge de quinze ans. Il décida de parler à sa mère de ses questions autour d'un éventuel abus sexuel qu'il aurait subi. Celle-ci lui confia alors que quelqu'un avait bien été victime d'abus dans la famille, mais pas lui, et que l'abuseur était le propre père de Marc ! Avant la naissance du garçon, celui-ci avait été marié une première fois, ce que Marc n'avait jamais ignoré puisqu'il savait avoir une demi-sœur âgée de quatorze ans de plus que lui. Cette demi-sœur avait toujours vécu avec sa mère, mais celle-ci étant décédée, elle était venue vivre chez son père et sa belle-mère (la future mère de Marc) un an avant la naissance de Marc lui-même. Cette femme avait appris bien plus tard qu'une relation incestueuse s'était établie entre son compagnon et sa fille. La situation n'avait pris fin qu'avec la fugue de l'adolescente, qui avait ensuite disparu et rompu tout contact avec la famille. Marc était né un an plus tard. Les sévices sexuels avaient donc eu lieu et le préjudice irréparable existait bien puisque cette demi-sœur était devenue psychotique et vivait de manière précaire. Mais Marc n'y était pour rien !

Il avait probablement perçu ce secret à travers des bribes de phrases glanées entre ses parents, des allusions troubles et surtout les vives manifestations d'angoisse de leur part à l'évocation d'un rapprochement « trop fort » entre un majeur et une mineure. Mais, à défaut de pouvoir penser cet événement comme ayant déjà eu lieu, il l'avait imaginé comme une éventualité à redouter. Il était alors entré dans la puberté avec l'angoisse d'abuser d'une fillette, et c'est ainsi qu'il avait imaginé avoir causé un préjudice irréparable à celle qu'il avait seulement serrée un peu fort contre lui. Bref, dans la famille de Marc, quelqu'un avait bien été abusé un jour, et son erreur consistait à croire qu'il en était l'agresseur – dans le premier scénario qu'il s'était construit – ou la victime – dans le second. La vérité est qu'il n'était que le dépositaire des émotions douloureuses de ses parents.

Le secret familial s'oppose à la communication

L'histoire de Marc montre qu'un enfant peut être émotionnellement très dérangé par un fait que ses parents lui dissimulent. Mais comment peut-on être perturbé par quelque chose qu'on ignore ? En réalité, ce n'est pas ce que les parents taisent qui malmène l'enfant, mais ce que celui-ci imagine à partir de ce qu'il pressent qu'on lui cache...

Tout enfant est en effet dès la naissance plongé dans un monde qui déborde de toutes parts ses possibilités de compréhension et de maîtrise. Comme un explorateur en territoire inconnu, il avance par essais et erreurs, s'essaye à diverses attitudes qu'il corrige en fonction des réponses de ses interlocuteurs, et tente de comprendre ce qu'il ne peut pas maîtriser. Lorsqu'il est confronté à des manifestations de souffrance chez ses parents, il se questionne sur leur origine. Et, sur ce chemin, il est conduit à imaginer plusieurs sortes d'histoires qui vont peser sur son destin ultérieur.

Tout d'abord, il peut penser qu'il est lui-même le responsable de la souffrance qu'il pressent chez son parent. C'est souvent le cas chez le tout petit enfant. Dans les premières années de la vie, on se perçoit volontiers comme le centre des préoccupations des adultes qui nous entourent. Le problème est que si personne ne nous permet de relativiser cette attitude, on risque bien de s'y engager toujours plus. La culpabilité que ressent l'enfant est alors si lourde qu'il s'en masque la raison. Il n'a de toute façon aucun moyen d'en venir à bout car son parent reste désespérément rebelle à toutes ses tentatives de le guérir. À défaut d'y parvenir, il s'engage alors sur la voie de soulager la souffrance d'autres personnes. Mais c'est toujours mû par la même culpabilité et d'une manière qui se révèle constamment frustrante : le dévouement ne réduit jamais la culpabilité, puisque celle-ci trouve son origine dans une situation maintenant hors de portée. Certains parmi ces enfants finissent par épouser des conjoints qui les culpabilisent sans cesse : il leur semble normal d'être fautifs de tout ce qui va mal dans leur couple puisqu'ils se sentent toujours coupables !

D'autres fois, pour se soulager de cette culpabilité, l'enfant la projette sur quelqu'un d'autre. Il se dit que ce n'est pas lui qui est responsable de l'abattement, de la souffrance ou de la dépression de son parent, mais un ennemi de la famille ou du groupe dont celle-ci fait partie. Il peut en résulter, selon les milieux sociaux et les circonstances, une haine pour une autre famille, pour les « patrons » ou pour certaines catégories d'« étrangers »...

D'autres fois encore, ces enfants tenus dans l'ignorance de ce qu'on leur cache se mettent à imaginer le pire... d'une manière finalement plus destructrice pour eux que l'aurait été la confidence du secret. Ils se persuadent que leurs parents ont accompli quelque acte horrible qu'ils voudraient leur cacher. De tels enfants ne sont pas, comme les précédents, rongés par la culpabilité, mais plutôt par la perte de confiance dans leurs géniteurs. Et, sur ce modèle, ils perdent souvent confiance dans les adultes auxquels ceux-ci délèguent une partie de leurs attributions, à savoir les enseignants et les éducateurs.

Enfin, certains enfants perdent confiance dans leurs propres capacités, notamment lorsqu'ils sont confrontés à des parents qui nient l'existence d'un secret et leur disent que les choses ne sont pas telles qu'ils les ont vues, entendues ou pressenties. Ils ont l'impression de ne pas pouvoir se faire confiance pour comprendre le monde qui les entoure.

Entre silence et envahissement, le chemin des émotions partagées

En lisant ce qui précède, le lecteur a peut-être l'impression que parler à ses enfants de ses traumatismes n'est pas sans danger, mais que se taire peut être catastrophique ! Alors, comment faire ?

La solution se trouve, une fois de plus, dans la place à accorder aux émotions. Dans les deux cas, le danger est exactement le même : que l'enfant confonde des émotions étrangères à lui-même avec les siennes propres. Quand le parent qui a vécu un drame grave décide d'en cacher l'existence, il s'agit d'émotions retenues et énigmatiques que l'enfant devine à travers des mimiques ou des gestes ébauchés : il les reprend à son compte avec le secret espoir d'en deviner les causes et les nourrit malheureusement souvent de ses rêveries secrètes et parfois terrifiantes. Les émotions qu'il éprouve dans cette situation deviennent ainsi pour lui le point de départ de constructions où il risque de s'égarer.

Mais quand un parent parle sans ménagements de ses traumatismes ou de ceux des générations précédentes à un enfant, celui-ci a toutes les chances d'être envahi par les émotions que l'adulte a mal élaborées et par lesquelles il est submergé. Il risque alors de développer des angoisses importantes à partir de ce qu'il tente d'imaginer.

Le moyen d'éviter ces deux risques se trouve à mi-chemin du « tout dire » et du « tout cacher ». Il faut que les événements familiaux importants soient *évoqués*... mais pas forcément *racontés*. Ils doivent être évoqués pour donner à l'enfant la clé des émotions violentes qu'il voit son parent éprouver et lui éviter de s'enfoncer dans le sentiment pénible qu'il en serait la cause. Les enfants se sentent en effet facilement responsables des états d'âme de leurs parents. Mais il est tout aussi inutile que ces événements soient racontés en détail. Cela risquerait d'engager l'enfant dans des émotions qui ne sont pas les siennes et qui parasiteraient ensuite son rapport personnel au monde. L'important n'est pas que les parents disent « tout » et d'un seul coup, c'est qu'ils confirment à l'enfant que les signes de souffrance que celui-ci perçoit chez eux existent bien, mais qu'il n'en est nullement responsable. Apprendre à ne pas se laisser submerger, en famille, par des émotions venues d'autres temps et d'autres lieux permet de protéger nos enfants du risque des revenants. Mais seule l'évocation tranquille et apaisée de ces drames permet d'éviter la propagation des fantômes.

Aux émotions débordantes ou partagées de manière implicite, préférons donc toujours les émotions maîtrisées et partagées de façon explicite. Par exemple, quand Jade – cette adolescente qui éprouvait tant de sensations étranges lorsqu'elle regardait la télévision avec sa mère – a su que celle-ci avait vécu un viol, sa vie a changé. Elle a porté un regard différent sur ce qu'elle éprouvait. L'interdiction qu'elle ressentait de comprendre ce qui était arrivé à sa mère l'avait empêchée de mémoriser ces situations. Aussitôt cette menace élucidée, un pan entier de sa mémoire lui est revenu. Elle a pu alors envisager sous un jour nouveau à la fois sa propre histoire et celle de sa mère.

Pour comprendre l'effet libérateur d'une telle attitude, il nous faut renoncer à l'idée que le secret s'opposerait à la vérité et que chacun, dans une famille, aurait le droit de connaître celle-ci. La « vérité » sur un événement historique est en effet très difficile à cerner, sans compter que chacun se construit sa propre représentation de ce qu'il voit ou entend. Le secret s'oppose moins à la vérité qu'à la communication, même s'il a partie liée avec les deux. La preuve en est que si nous expliquons très minutieusement à quelqu'un ce que nous pensons être la vérité, il risque toujours de comprendre de travers ! C'est bien normal. Ses préoccupations et ses fantasmes sont différents des nôtres. Et si notre interlocuteur est un enfant auquel nous cherchons à expliquer des choses du monde des adultes, la sexualité par exemple, le risque d'incompréhension est encore plus grand.

C'est pourquoi l'essentiel est de dire à l'enfant que quelque chose d'important s'est passé qui ne le concerne pas lui, mais les adultes, en s'appuyant toujours sur ce qu'il a pu observer dans la vie familiale. Par exemple, si une mère a des relations difficiles avec son père parce que celui-ci a abusé d'elle dans son enfance, il est important qu'elle confirme à son enfant qu'il existe un problème entre le grand-père de l'enfant et elle. Pour cela, elle peut lui dire par exemple : « Tu as remarqué qu'entre ton grand-père et moi, la relation est parfois difficile, mais ce n'est pas à cause de toi, tu n'y es pour rien, ce sont des choses qui se sont passées avant ta naissance. » De façon générale, le mieux est toujours de partir de ce que l'enfant a pu observer et des questions qu'il pose.

Si on ne le fait pas, il risque de mettre en doute sa capacité à comprendre le monde et de renoncer à tout effort dans ce sens. Il deviendra alors un adulte qui préfère croire ce qu'on lui dit plutôt que ce qu'il comprend lui-même. Il est donc essentiel de lui confirmer qu'il a eu raison de voir et d'entendre ce qu'il a vu et entendu, et de le rassurer en lui disant que les bizarreries qu'il a observées ne veulent pas dire qu'on ne l'aime pas ou qu'on ne lui fait pas confiance. En outre, il est toujours bon d'insister auprès de lui sur le fait que les parents réagissent comme ils le font pour des raisons antérieures à sa naissance. C'est très important d'évoquer avec un enfant des événements qui se sont déroulés avant sa venue au monde car cela l'introduit à la temporalité et à la succession des générations.

Si, plus tard, l'enfant pose des questions plus précises, la règle reste la même. Par exemple, dans la situation évoquée plus haut, la mère de l'enfant peut lui dire qu'aujourd'hui on apprend à l'école que le corps de chacun lui appartient, mais qu'il y a vingt ans, on n'expliquait rien de tout cela et que la situation était beaucoup plus compliquée pour les jeunes. Il faut toujours mettre l'enfant sur la voie de choses qu'il peut comprendre, mais sans jamais lui imposer des représentations qui pourraient le troubler compte tenu de son âge. Et, pour parvenir à ce résultat, le mieux est de partir de ses propres représentations : « Qu'est-ce que tu imagines ? Qu'est-ce que tu comprends de cette situation ? » L'enfant met alors des mots sur ses pensées et ses inquiétudes. Si ce qu'il dit coïncide avec la réalité, il faut le lui confirmer : « Oui, tu as raison, c'est bien cela. » Et si cela ne correspond pas exactement à ce qui s'est passé, on peut lui dire : « C'était à peu près ça », ou bien : « Ce n'était pas tout à fait ça, mais ça revenait au même. » L'important, dans tous les cas, est que l'enfant se sente en droit de continuer à questionner au fur et à mesure qu'il grandit et que sa représentation du monde se rapproche de celle des adultes.

Être curieux de soi autant que de ses proches

Parler de ce qu'on sait avec nos enfants – et savoir dire qu'on ignore ce qu'on ne sait pas – est donc le meilleur moyen de les protéger des émotions indésirables venues des générations précédentes. De même, quand on a l'impression d'être soi-même victime d'un secret, il est capital d'en parler. Mais comment ? En pratique, il est souhaitable de le faire de trois manières différentes.

Tout d'abord, il est utile de chercher à connaître le secret qu'on sent peser sur soi. Mais comme il est souvent impossible de savoir si ceux qui nous ont caché quelque chose n'étaient pas eux-mêmes les victimes d'un autre secret – ou du même ! –, il ne faut accuser personne et se contenter de dire : « Il me semble que quelqu'un, un jour, dans notre famille, a caché quelque chose... » Et il vaut mieux se préparer aussi à ne pas connaître la vérité car on n'est jamais certain d'y parvenir.

Ensuite, il est utile de chercher des informations sur l'époque ou la région où nous pensons qu'a eu lieu un drame dans notre famille. De nombreux non-dits sont en effet communs à une période historique, une zone géographique ou encore une catégorie sociale ou professionnelle. On sait par exemple aujourd'hui qu'un grand nombre de jeunes filles travaillant comme servantes dans des familles aisées, dans la première moitié du XXe siècle, ont été victimes des assiduités du maître de maison. Les grossesses qui en résultaient étaient vécues comme un déshonneur terrible par ces femmes et leur famille – et cachées en conséquence – alors qu'il s'agissait d'un véritable fléau social. Découvrir qu'un secret préservé dans la honte sur plusieurs générations était partagé par tout un groupe permet de le relativiser, et de se débarrasser plus facilement de la culpabilité et de l'indignité qui ont prospéré dans son ombre.

Enfin et surtout, il est indispensable de questionner notre mémoire pour y retrouver les moments où nous avons eu l'impression qu'on nous cachait quelque chose. À défaut de révéler le secret, cette recherche informe au moins sur la manière dont nous avons pu mettre en place des distorsions de notre personnalité sous son influence. Cette prise de conscience est essentielle car elle nous évite, plus tard, de perturber nos enfants avec nos propres troubles. Cela nous permet aussi de leur en parler différemment, notamment en évoquant nos doutes.

Dans les familles où existe un traumatisme caché dans les générations précédentes, les enfants finissent par taire toutes leurs questions de peur de réveiller la souffrance de leurs parents. Au contraire, dans celles où sont évoqués les drames personnels de ceux-ci de telle façon que les enfants ne s'en sentent pas responsables, chacun est libre de poser toutes les questions qui lui viennent à l'esprit.

La malédiction d'Émilie

On parle volontiers aujourd'hui de « transmission » des traumatismes entre les générations. Pourtant, le mot est porteur d'une ambiguïté considérable liée à ses autres emplois. En mécanique, il évoque les pignons étroitement assujettis l'un à l'autre. En information, il sous-entend l'identité absolue de ce qui est émis et de ce qui est transmis : qu'il s'agisse de la poste, du télégraphe, du téléphone ou de l'Internet, toutes les formes de communication visent une transmission à l'identique. Enfin, il renvoie en biologie aux fameuses lois de l'hérédité établies par Mendel au milieu du XIXe siècle. Bref, avec ce mot, nous sommes dans le domaine de la rigueur mathématique.

Ce n'est donc pas étonnant qu'aussitôt mis à la mode dans le domaine de la vie psychique, il ait incité à croire à l'existence de « répétitions à l'identique » d'une génération sur l'autre, comme par une sorte de fatalité mécanique. La métaphore de la « chaîne des générations », prise au pied de la lettre, faisait craindre à chacun d'être « enchaîné » à ses ancêtres jusqu'à devoir « payer pour eux », même s'il n'en avait jamais entendu parler !

Et pourtant, la répétition se réduit souvent à un modèle général qui importe bien moins que tout ce qui s'y rattache, différent à chaque époque et pour chaque histoire. C'est ce que montre la « malédiction d'Émilie ».

Au début du XXe siècle, la grand-mère d'Émilie avait promis le malheur à sa fille qui voulait épouser un « gars de la ville », parce que la famille était de vieille souche paysanne. La désobéissance avait été suivie d'une calamité bien ordinaire à l'époque, le garçon se révélant alcoolique. À la génération suivante, Émilie, qui était donc fille d'ouvrier, était tombée amoureuse d'un jeune homme appartenant à la bourgeoisie d'entreprise de sa ville. La mère d'Émilie avait répété vis-à-vis d'elle la condamnation qu'elle-même avait subie : « Tu n'épouseras pas quelqu'un de si différent de nous. Sinon, tu seras malheureuse toute ta vie. » Émilie avait dû attendre sa majorité – fixée alors à vingt et un ans – pour se marier selon son cœur. Non seulement le mariage n'avait pas été un échec malgré l'opposition persistante de sa mère, mais il avait assuré aux enfants d'Émilie l'ouverture vers des carrières professionnelles brillantes. Que se passa-t-il ensuite ? La fille aînée d'Émilie décida d'épouser un Noir africain... « Tu ne seras jamais heureuse avec un homme si différent », pensa Émilie. Mais elle se retint de le dire...

Ainsi, sur trois générations, le même scénario se répète : la fille aînée épouse un homme « différent » par son milieu ou sa culture. Mais ce canevas n'a évidemment pas les mêmes conséquences selon la différence privilégiée, ni non plus selon les diverses circonstances de la vie. Le mari d'Émilie eût-il fait faillite que la malédiction eût semblé se réaliser à nouveau. Mais qui ne voit que celle-ci eût pu être liée à bien des causes ! Dans cette famille, les répétitions sont minimes par rapport à la diversité des stratégies originales de chacun. Cessons donc de privilégier ce qui semble se répéter entre les générations et intéressons-nous plutôt à ce qui diffère ! Car dans ce domaine, chacun est juge et partie : plus nous privilégions la répétition et plus nous y fixons nos proches. Plus, au contraire, nous insistons sur ce qui change, et plus nous incitons chacun à se rendre maître de sa propre vie.

Le mot de « transmission » ne nous induit pas seulement en erreur en nous faisant imaginer que les générations successives « reproduiraient » certaines situations à l'identique. Il nous incite également à penser les échanges entre les générations dans un seul sens, celui qui en descend le cours. Or les enfants transmettent eux aussi à leurs parents, et pas seulement dans le domaine de l'utilisation des nouvelles technologies ! Nombre d'adultes découvrent aujourd'hui dans la bouche de leurs enfants certains secrets familiaux qu'ils ignoraient... parce que leurs propres parents choisissent leurs petits-enfants pour confidents. En fait, les parents auraient appris ces choses directement s'ils n'avaient pas renoncé depuis longtemps à questionner ! Dans leur enfance, leurs parents n'étaient pas prêts à leur répondre et ils ont donc appris à se taire. Mais leurs enfants, eux, n'ont pas été soumis à la même contrainte. Et lorsque ces secrets concernent des événements historiques – comme la dernière guerre –, ils ont même eu accès à des informations qui les ont incités à la curiosité. Quant aux grands-parents, ils ont souvent bénéficié eux aussi de telles ouvertures historiques, notamment par des livres, des magazines ou des reportages télévisés. Ce qu'ils ont vu ou lu leur a ouvert la mémoire, et leur a donné des mots qui leur permettent d'en parler à leur tour. Quand les petits-enfants posent les questions que les enfants avaient appris à taire, ils reçoivent donc des réponses. La leçon est qu'il ne faut jamais renoncer aux questions qu'on a envie de poser à ses parents, quels que soient leur âge et le nombre de refus qu'on a essuyés !

Il arrive même parfois qu'un enfant invite un parent à débusquer un revenant ! Un père de famille m'a confié qu'il s'était surpris un jour à tenir des propos violents, accompagnés de gesticulations, face à son fils âgé de neuf ans. Celui-ci s'était alors enfui en criant : « Tu deviens fou, papa ! » Et cet homme avait bien dû reconnaître que ce n'était pas si faux ! En fait, ces propos excessifs et ces gesticulations étaient ceux que son grand-père, rescapé de la guerre de 1914-1918, lui manifestait parfois de manière totalement inattendue. Mais le monde avait changé, les enfants de la fin du XXe siècle n'étaient pas ceux des années 1950, et le fils de cet homme avait en quelque sorte désamorcé la bombe de la reproduction !

De l'intergénérationnel au transgénérationnel

Une mère que j'ai pu observer retirait sans cesse le biberon de la bouche de son bébé au lieu de lui donner à téter normalement. Elle justifiait ce comportement par son inquiétude que son bébé « s'étouffe ». L'attitude de cette mère avait évidemment des conséquences sur le développement du bébé. Il était constamment insécurisé, craignant probablement toujours qu'un événement imprévu lui ôte brutalement ce qu'il croyait pourtant solidement tenir.

Pourquoi cette femme agissait-elle ainsi ? Bien sûr, des médecins l'avaient mise en garde contre le risque d'étouffement d'un bébé, mais de nombreux parents ont reçu le même conseil sans que cela n'entraîne une attitude semblable de leur part. En fait, cette femme avait eu une enfance marquée par deux problèmes relatifs à l'étouffement. Tout d'abord, sa mère était asthmatique et chacun redoutait qu'elle ne meure en s'étouffant. Ensuite, l'un de ses grands-parents était mort asphyxié et ce drame familial lui avait longtemps été caché. Pour cette femme, l'étouffement était donc un événement particulièrement dramatisé pour deux raisons : l'une intergénérationnelle (la relation que cette femme, quand elle était enfant, avait avec sa propre mère) et l'autre transgénérationnelle (un événement dont la fillette avait entendu parler, mais qu'elle n'avait pas connu directement).

Cet exemple nous permet de bien poser la différence entre deux domaines souvent confondus, celui de l'« intergénérationnel » et celui du « transgénérationnel ». Le premier concerne des générations en contact direct l'une avec l'autre. Il fait intervenir des messages verbaux, mais aussi les gestes, les attitudes et les mimiques, ainsi que les images et les objets privilégiés dans chaque famille. Sa dynamique se réalise dans le quotidien de la vie psychique du bébé, puis du jeune enfant, mais se prolonge pendant toute l'existence. Elle est observable et comporte toujours deux aspects : ce qu'on transmet en le sachant et... ce qu'on lègue à son insu !

Au contraire, le « transgénérationnel » concerne la manière dont des événements vécus par des générations disparues pourraient exercer une influence sur la descendance. Alors que les phénomènes intergénérationnels sont observables dans le quotidien des relations familiales, les phénomènes transgénérationnels sont toujours de l'ordre d'une hypothèse. Celle-ci est fondée sur l'idée que l'existence des générations antérieures, et notamment leurs traumatismes non surmontés, déterminerait une part des échanges entre les descendants.

Il est toujours hasardeux de faire l'hypothèse d'une influence transgénérationnelle, mais il arrive parfois qu'une personne la cerne dans sa propre famille. C'est le cas de Jean-Claude Snyders [1].

Cet écrivain nous explique comment ses parents, qui avaient vécu la déportation, l'ont élevé dans la vision d'un monde dont toute violence serait exclue. Les difficultés psychiques et sociales qui en ont résulté pour lui l'ont poussé à adopter une attitude totalement opposée avec ses propres enfants. Il les a incités à développer leur agressivité – en leur achetant par exemple des revolvers en plastique avant même qu'ils n'en fassent la demande –, ce qui a abouti pour eux à des difficultés psychologiques différentes,

1. Snyders, J.-C., *op. cit.*

mais non moins importantes. On peut donc dire que l'incapacité des parents de Jean-Claude Snyders de se confronter au souvenir de l'horrible violence qu'ils avaient subie a exercé une influence intergénérationnelle sur lui, allant dans le sens d'un refus de sa propre agressivité. Et que l'attitude qu'il a ensuite adoptée vis-à-vis de ses deux fils a prolongé cette influence intergénérationnelle par une influence transgénérationnelle : incités à développer leur agressivité et à la manifester en toutes circonstances – y compris contre leur propre père –, ceux-ci ont développé une immense culpabilité qui s'est traduite par divers troubles réactionnels.

Mais on voit aussitôt les limites d'un tel raisonnement. L'attitude des parents de Jean-Claude Snyders n'explique pas à elle seule le choix du système éducatif que celui-ci a développé avec ses propres fils. D'autres enfants, soumis aux mêmes manifestations émotionnelles et comportementales de la part de leurs parents, ont réagi différemment. En outre, parmi ceux qui ont réagi de la même façon – c'est-à-dire en refusant leur agressivité par crainte d'endommager leurs parents –, tous n'ont pas adopté vis-à-vis de leurs enfants la même attitude que Jean-Claude Snyders. La vie psychique de tout nouvel arrivant au monde se construit en interrelation avec celle de ses parents – et donc avec les traces que leurs ascendants ont imprimées en eux –, mais aussi en liaison avec l'ensemble des personnes qu'il est amené à côtoyer. Il s'agit bien entendu de la famille élargie, mais aussi de la culture ambiante et des copains, dont on mesure de plus en plus le rôle dans la mise en place des repères émotionnels chez les jeunes.

C'est pourquoi il serait moins ambigu de qualifier d'« influences » ce qu'on appelle couramment « transmission ». D'après le dictionnaire *Petit Robert*, l'influence désigne en effet « une action (volontaire ou non) qu'une personne exerce sur une autre ». Cette action peut être consciente ou inconsciente, morale, intellectuelle ou psychique. Elle émane d'un individu ou d'un groupe, d'une puissance politique, économique ou culturelle, et elle peut être organisée en systèmes de signes, codés ou non. Enfin, le terme d'« influence » laisse une place à l'interprétation et suppose une réelle confrontation à l'intérieur d'un contexte communicatif. Autrement dit, les influences sont réciproques et rien n'y est jamais joué.

Chapitre 6

Ces émotions qui nous troublent

Les émotions trompeuses que nous avons envisagées jusqu'ici sont celles que nous croyons nôtres alors qu'elles ne nous appartiennent pas. Mais il en existe d'autres. Ce sont celles que nous refusons farouchement alors qu'elles nous appartiennent bien. Pourquoi ? Tout simplement parce qu'elles sont provoquées par des désirs qui nous gênent et que nous préférerions pour cela oublier.

L'indispensable représentation de notre agressivité

Le film de Luis Buñuel *La Vie criminelle d'Archibald de la Cruz* raconte l'histoire d'un homme qui se sent horriblement coupable de meurtres qui ont été réalisés par d'autres, mais qu'il a désirés en secret. Il se dénonce finalement à la police et la morale de l'histoire est donnée par l'inspecteur qui l'a écouté : la loi punit les crimes que nous accomplissons, mais certainement pas ceux dont nous rêvons !

La reconnaissance de désirs dangereux pour autrui est au fondement de leur interdiction par la loi. C'est même notre tentation permanente de tuer notre semblable qui a entraîné la création d'une législation destinée à s'y opposer. Mais si la loi a pour but de réglementer la vie sociale, elle nous permet aussi de nous représenter ceux de nos désirs dont la réalisation est interdite. Par exemple, si j'ai un voisin bruyant et désagréable, je peux d'autant plus facilement imaginer que je m'en débarrasse – et même en plaisanter ! – que je sais la chose irréalisable et que mes interlocuteurs le savent aussi.

Freud a le premier compris que le refus d'accepter sa part d'agressivité vis-à-vis d'autrui peut rendre psychiquement et même physiquement malade. Prenons l'exemple d'un enfant dont les parents sont excessivement autoritaires. Non seulement il renonce rapidement à toute velléité de s'insurger contre eux par crainte d'une terrible punition, mais il va jusqu'à s'interdire de penser qu'il pourrait désobéir. Il peut en résulter des troubles somatiques – comme des allergies ou des rhinopharyngites à répétition – qui le conduisent chez le médecin généraliste, ou des troubles dépressifs pour lesquels le psychiatre est sollicité. Mais un parent fragile et déprimé peut produire le même résultat. Ce n'est plus la crainte d'être puni qui inhibe l'enfant, mais celle de blesser son parent qui lui paraît incapable de se défendre.

Dans les deux cas, les enfants qui s'interdisent d'agresser leurs parents en pensée ont fréquemment un développement perturbé. Ils sont excessivement soumis et présentent volontiers une fragilité somatique à la moindre contrariété. En outre, ils deviennent souvent, plus tard, des adultes qui ont honte de leur agressivité... et parfois même de celle d'autrui ! Soumis à la violence d'un semblable, ils risquent bien de réagir comme dans leur enfance. Non seulement ils subissent cette situation sans se révolter, mais ils n'imaginent même pas pouvoir le faire. C'est pourquoi ils ne se plaignent pas auprès de leur entourage des sévices qu'ils endurent et peuvent même être effrayés si quelqu'un leur suggère de ne plus supporter l'insupportable. Cela se voit notamment chez des femmes qui cachent à leurs proches les maltraitances dont elles sont victimes de la part de leur mari. Souvent, leur thérapie montre qu'elles ont assisté à des violences de leur père envers leur mère, et qu'elles ont appris à ne jamais lui en vouloir.

L'impossibilité de se représenter son désir agressif ne se traduit pas toujours par l'inhibition et l'incapacité de se protéger. Elle aboutit parfois à l'opposé, à savoir une violence exercée contre autrui. Certaines personnes accomplissent ainsi des actes dont elles ne se seraient pas crues capables et dont elles ne réalisent l'horreur qu'après coup. Cette attitude peut concerner des comportements individuels, mais toucher aussi une communauté entière. C'est, semble-t-il, ce qui s'est passé lors du génocide rwandais en 1994. Huit cent mille Tutsis y ont été massacrés en douze semaines par des hommes qui avaient le sentiment d'accomplir un banal travail. Les témoignages recueillis auprès de quelques-uns de ces bourreaux ordinaires ont montré que c'est seulement après plusieurs jours de tuerie qu'ils ont commencé à se représenter eux-mêmes comme des tueurs. Auparavant, ils accomplissaient des actes qui paraissaient leur échapper et dans lesquels ils ne reconnaissaient pas leurs propres préoccupations. Comment l'expliquent-ils ? Les références à l'atmosphère dans laquelle ils ont grandi reviennent le plus souvent. Il s'agit notamment de petites phrases telles que « nous serions plus tranquilles si les Tutsis n'étaient pas là », « c'est encore de leur faute » ou encore « il faudra bien envisager de s'en débarrasser un jour ». Ces réflexions énoncées par leurs parents, leurs amis ou eux-mêmes les ont préparés à leur insu à massacrer leurs voisins de toujours... sans qu'ils aient jamais une représentation claire de l'agressivité qu'ils éprouvaient à leur égard[1].

L'imaginaire ignore la majorité sexuelle

Si nous arrivons la plupart du temps à nous représenter nos désirs agressifs, il n'en va pas de même de nos désirs érotiques dont la réalisation est interdite par la loi, en particulier de ceux que nous pourrions éprouver pour des personnes mineures. Peut-être le lecteur pense-t-il que de tels désirs sont toujours le fait de personnalités gravement perturbées. Pourtant, reconnaissons qu'il peut arriver à chacun d'entre nous d'être sensible, l'espace d'un très court instant, au pouvoir séducteur d'une mimique, d'un geste, ou du regard d'un enfant. C'est que le désir n'est jamais mis en route par l'ensemble des caractéristiques d'une personne ou d'une situation, mais par des détails qui résonnent pour chacun d'une manière souvent imprévisible et toujours incompréhensible.

Nos émotions érotiques ne connaissent pas la barrière légale de la majorité sexuelle, même si nos comportements, eux, doivent absolument en tenir compte ! Pour elles, une bouche charnue, le bel arrondi d'un menton ou un regard pétillant derrière de grands cils peuvent constituer des stimulants érotiques imprévisibles, et cela quel que soit l'âge de la personne concernée. En général, nous remettons heu-

1. Hatzfeld, J., *Une saison de machettes*, Paris, Le Seuil, 2003.

reusement très vite ces émotions à leur juste place. Il suffit d'ailleurs souvent que l'enfant parle, bouge ou regarde ailleurs pour que l'impact érotique qu'il a fugitivement mobilisé s'efface aussi rapidement qu'il était arrivé. Ce n'est pas à l'enfant que notre désir s'adressait, il n'avait fait que l'éveiller à l'occasion d'un quiproquo, un peu comme nous aurions cru apercevoir une vieille connaissance de loin, dans la rue, à sa façon de marcher ou de s'habiller. En nous rapprochant, nous nous serions aperçus de notre méprise et nous aurions dit à cette personne étonnée de nous voir courir vers elle : « Oh ! Excusez-moi, je vous avais prise pour quelqu'un d'autre. » Voilà bien ce que pourrait dire à un enfant l'adulte dont le désir sexuel a été soudain mobilisé : « Excuse-moi de t'avoir regardé un peu bizarrement, je t'avais pris pour un autre... Je ne sais pas très bien qui d'ailleurs... »

Oui, nous ne savons pas en général de qui il s'agit, car notre désir est ainsi fait qu'il peut être éveillé par une image, une ombre, un jeu de reflets. De telles expériences sont du registre de l'imaginaire. Chacun d'entre nous peut en être un jour le théâtre et les voir s'effacer aussi rapidement qu'elles ont surgi. Reconnaître qu'une partie du corps d'un enfant a pu susciter ces désirs comme aurait pu le faire, en d'autres circonstances, une partie du corps d'un adulte, s'accompagne de la certitude qu'il n'appartient pas à l'enfant de les satisfaire, justement parce qu'il est un enfant. Quant à ceux chez lesquels de telles pensées ne s'effacent pas, il vaut mieux qu'ils évitent toute proximité corporelle avec les enfants et qu'ils se fassent aider.

Mais l'attitude qui consisterait à nier que de tels émois existent ne contribuerait pas seulement à nous cacher à nous-mêmes une partie de notre vie psychique : elle rendrait même totalement incompréhensible le surgissement de nos désirs sexuels entre adultes majeurs. Car, là aussi, tout peut se mettre brutalement en route à partir d'une forme de visage, d'yeux, de bouche ou de la courbe d'un mouvement qui nous bouleverse sans préavis. Et là aussi, nous pouvons choisir de nous laisser aller à cette première inclination, ou au contraire la laisser s'effacer en lui reconnaissant sa portée dans l'imaginaire, mais en lui refusant d'être le point de départ d'une histoire réelle. C'est pourquoi la campagne actuelle contre la pédophilie nous ferait courir de grands risques si elle marquait du sceau de la pathologie et de la déviance tous les émois érotiques que certains adultes peuvent éprouver vis-à-vis d'enfants.

Des défenses problématiques

Comme pour les désirs agressifs, celui qui éprouve de tels désirs et refuse d'en reconnaître l'existence est menacé d'en tomber malade. Il peut souffrir de maux inexplicables qui l'empêchent d'exercer son travail dans de bonnes conditions, mais, le plus souvent, ces désirs non reconnus se manifestent sous une autre forme : des attitudes répressives excessives vis-à-vis des enfants qui l'attirent. Au minimum, cet adulte affiche une grande froideur et se montre distant et inaffectif. D'autres fois, il gronde ou rudoie plus que nécessaire l'enfant par lequel il craint de se sentir excité. Enfin, la honte qu'il ressent vis-à-vis de ses propres désirs se communique parfois aux mineurs dont il a la charge. Le jeune qui perçoit un adulte gêné chaque fois qu'il l'approche et le sollicite est évidemment menacé de se croire lui-même l'objet de cette honte, et il risque d'adopter dans la vie une attitude honteuse qui ne manquera pas de paraître suspecte : celui qui se montre honteux, même s'il ne sait pas de quoi et pourquoi, fait volontiers naître dans l'esprit de ses proches l'idée qu'il a dû accomplir quelque acte inavouable...

Ces trois attitudes – la froideur, la violence et la honte communiquée à l'enfant – ont la même conséquence tragique : elles constituent une forme de traumatisme pour celui-ci. Et, dans les trois cas, l'intensité de cette blessure n'est même pas fonction de l'excitation érotique éprouvée par l'adulte, mais seulement de la rigidité des barrières qu'il a érigées pour se la cacher à lui-même.

C'est pourquoi tout accomplissement sexuel avec un mineur doit être puni, mais les pédophiles doivent aussi être aidés sur le plan psychologique. Ne nous trompons pourtant pas sur le but de cette prise en charge : il ne s'agit pas de faire en sorte que ces personnes n'éprouvent plus jamais aucun émoi érotique vis-à-vis d'un enfant, mais qu'elles soient toujours capables d'y résister.

Il est vrai que certaines préfèrent ruser avec la loi et la justice en continuant à satisfaire leur penchant délictueux. Une thérapie ne peut rien pour elles. Mais nombre de ceux qui éprouvent des émois sexuels au contact des enfants désirent sincèrement y résister. Quant à invoquer la honte ou le caractère « contre nature » de ces actes, l'arme est à double tranchant. De telles invocations contribuent à rendre aveugles à ces désirs ceux qui peuvent les croiser un jour, avec le risque de les rendre totalement vulnérables aux publicités qui les mettent en scène !

Des publicités qui jouent avec le feu

Chacun sait bien que les publicités attirent nos désirs pour les détourner à leur profit. En les regardant, nous éprouvons par exemple l'envie d'être mieux respecté, plus séduisant, ou d'avoir plus d'amis, et aussi la conviction que l'achat du produit qu'elles vantent réalisera tout cela. Ces attentes peuvent concerner notre estime de nous-mêmes ou notre intégration sociale, mais en pratique ce sont les appétits sexuels qui sont le plus souvent manipulés par les images. Et cela est malheureusement valable aussi pour ceux dont la réalisation est interdite par la loi...

Prenons un exemple. En 1995, des photographies qui mettaient en scène des enfants ont été retirées d'une campagne publicitaire. Sur l'une d'entre elles, on voyait une fillette nue, cadrée au-dessus du pubis, les cheveux ébouriffés et les lèvres entrouvertes. Un verre triangulaire – du genre de ceux qu'on utilise pour les analyses d'urine – était posé sur la tête de l'enfant qui se tenait debout à côté d'une toise. Ces objets sont autant de signes familiers pour les psychologues : le verre triangulaire rempli évoque le pubis de la fillette et son envie « pressante » ; sa bouche entrouverte évoque l'ouverture de son sexe ; la grande toise à côté d'elle, constituée d'une petite baguette horizontale qui coulisse sur une grande règle verticale, évoque les capacités érectiles du membre masculin ; enfin, ses cheveux décoiffés évoquent les désordres consécutifs à l'échange charnel. Autrement dit, pour le psychologue, cette image est une mise en scène destinée à évoquer chez son spectateur, inconsciemment bien entendu, un rapport sexuel ! Le spectateur masculin adulte perçoit dans cette image une

Lolita craquante mais, par un effet de sa censure psychique, il n'y voit plus qu'une fillette adorable. Et la spectatrice croit y découvrir une fillette adorable... alors qu'elle y est confrontée à l'incarnation de son désir infantile enfoui – mais toujours agissant – d'être une Lolita séductrice. Dans les deux cas, le consommateur est excité sans savoir comment et achète souvent le produit sans savoir pourquoi. Il faut croire que le désir pédophile est bien puissant pour que la publicité l'utilise avec autant d'aplomb !

D'autres exemples récents conduiraient au même résultat. On ne compte plus, sur les panneaux publicitaires et dans les magazines, les fillettes âgées de six ans au plus déguisées et fardées comme des femmes adultes. Cela n'est pas sans danger. En effet, dans la réalité quotidienne, l'impact érotique de certaines postures ou mimiques d'un mineur s'efface très vite par le fait qu'il redevient aussitôt un enfant avec ses gestes, ses attentes et ses mots d'enfant. Bref, l'imaginaire érotique laisse rapidement place à la réalité de l'enfant comme personne. Mais lorsque nous sommes confrontés à une affiche ou à un clip publicitaire qui joue sur les mêmes ressorts, rien n'arrête l'efflorescence de l'imaginaire, même pas l'achat.

Ce ne serait pas grave si la possibilité de désirs érotiques d'un adulte pour un enfant était reconnue. Après tout, nous sommes envahis d'images qui montrent nos semblables assassiner leur voisin et personne n'a jamais démontré que cela nous pousse au crime ! Nous savons tous qu'il est interdit de tuer qui nous déplaît, mais aussi, heureusement, qu'il n'est pas interdit d'en rêver ! Le problème, avec les images qui jouent sur le désir sexuel entre adultes et enfants, est qu'elles surviennent dans un contexte culturel qui refuse de prendre en compte l'existence de ces désirs alors même qu'il contribue à les exciter.

Bien sûr, ces images n'ont aucune conséquence sur les personnes qui ne sont pas sensibles aux émotions qu'elles suscitent, ni non plus sur celles qui savent les replacer clairement dans le domaine des représentations dont la réalisation est interdite. En revanche, les adultes qui ont de la difficulté à canaliser et à cadrer leur imaginaire peuvent en être durablement bouleversés. Ces images risquent de plonger un peu plus dans la confusion ceux d'entre nous qui ne savent pas quelle place accorder à ces désirs en eux. Sans pour autant les pousser forcément à l'acte, elles les troublent et les fragilisent inutilement.

Comment l'institution peut-elle empêcher les abus ?

Si tout parent peut être un jour troublé par un geste ou une mimique d'enfant, un éducateur ou un enseignant peuvent l'être aussi. Bien entendu, on pourrait préférer que ceux à qui cela arrive soient écartés de ces professions, ou qu'ils apprennent à enfouir ces émotions au fond d'eux-mêmes au point de les oublier totalement. Malheureusement, ce mécanisme de défense n'est guère opérant. D'abord, nous l'avons dit, parce que l'environnement médiatique excite toutes les formes d'émotions érotiques, y compris celles-là. Et ensuite, parce que de nombreuses situations institutionnelles risquent de les raviver au même titre que des situations familiales. C'est le cas des moments consacrés aux soins corporels, mais aussi de beaucoup d'autres.

J'ai ainsi rencontré un éducateur gravement bouleversé

par une situation à laquelle il n'avait pas choisi d'être confronté. Il avait demandé à une jeune handicapée mentale d'ôter son blouson un jour de grande chaleur, et celle-ci s'était soudain retrouvée torse nu devant lui : elle n'avait rien en dessous ! Il est insuffisant d'invoquer dans une telle situation les tendances séductrices ou perverses de l'adolescente. L'éducateur n'avait pas eu seulement à gérer une désobéissance au règlement qui impose une tenue décente en collectivité, mais une excitation sexuelle qui l'avait surpris lui-même au moment où il s'y attendait le moins ! Le souvenir de celle-ci risquait bien, maintenant, de s'emparer de lui chaque fois qu'il aurait à nouveau affaire à cette jeune fille. Pour s'en protéger, il lui fallait reconnaître cette excitation, et surtout trouver des interlocuteurs qui en acceptent l'existence sans y voir quelque chose d'« anormal » ou d'« interdit ». Aucune émotion n'est anormale en soi parce que l'être humain est pétri de désirs contradictoires qu'il ne contrôle jamais totalement. Ceux qui croient ne pas éprouver les désirs dont la réalisation est interdite par la loi ne font le plus souvent que s'en cacher l'existence. Ils sont, du même coup, particulièrement menacés par le risque de découvrir un jour brutalement que cette partie d'eux-mêmes qu'ils veulent ignorer tient à leur insu la clef de certains de leurs comportements !

Enfin, le silence de notre société sur les émotions érotiques entre adultes et enfants ne contribue pas seulement à précipiter les personnalités les plus fragiles vers des comportements délictueux. Il contraint également les victimes au mutisme faute d'un interlocuteur pour les écouter et les croire. Moins une institution évoque l'existence de ces désirs et plus il est difficile de parler de leur réalisation lorsqu'elle se produit... puisqu'ils sont censés ne pas exister.

C'est parce qu'on a longtemps considéré comme « inimaginables » les élans pédophiles d'éducateurs dévoués que leurs agissements délictueux ont été possibles.

Toutes les catégories de personnel travaillant dans des institutions accueillant des mineurs devraient donc bénéficier d'une information sur l'existence possible d'émois érotiques entre adultes et enfants, en insistant sur le fait qu'il n'y a pas de règle en la matière et que ceux qui n'en ressentent jamais ne sont pas non plus anormaux ! Cette information aurait le mérite de permettre à ceux qui éprouvent un jour ces désirs de les reconnaître en eux, de les accepter et de se sentir autorisés à en parler avec leurs collègues ou leur hiérarchie. Ils pourraient se sentir moins seuls qu'ils ne le sont aujourd'hui et bénéficier d'un soutien compréhensif de leur entourage dans la lutte intérieure qu'ils ont à mener contre des tendances dont la loi interdit à juste titre la réalisation.

Mais allons plus loin. Pour ce qui concerne notre agressivité, en parler spontanément est souvent la meilleure manière de nous calmer et de commencer à voir la situation plus sereinement. Cela nous permet de faire la part entre ce qui peut être pensé, imaginé et rêvé d'un côté, et ce qui peut être accompli dans la réalité d'un autre. Pourquoi en serait-il autrement des émotions érotiques éveillées chez certains adultes par des mineurs ?

Chacun sait bien que des enfants témoignent d'un véritable don pour faire, comme on dit, « sortir l'adulte de ses gonds ». C'est pourquoi un pédagogue qui déclare à ses collègues qu'il a parfois envie de gifler l'un de ses élèves ne provoque heureusement aucune réaction indignée de leur part, et encore moins de condamnation. Dire n'est pas faire, et dire constitue même souvent le meilleur moyen de reconnaître et de faire reconnaître ce que nous éprouvons de manière à vivre en paix avec nous-mêmes. Pourtant, si cela semble bien compris et admis au sujet des désirs agressifs, il n'en va pas de même pour les désirs érotiques, en particulier vis-à-vis des mineurs. Un enseignant qui confierait à ses collègues qu'un enfant de sa classe l'excite et qu'il a parfois envie de l'embrasser risque aujourd'hui une dénonciation, un renvoi, et même un procès ! C'est pourtant la même chose, mais dans le second cas, la confusion entre « dire » et « faire » est malheureusement entretenue alors qu'elle devrait être levée comme dans le cas des désirs agressifs. Si la loi interdit le passage à l'acte sexuel entre adultes et mineurs, elle n'interdit pas le désir, et elle devrait même être là pour nous permettre de le penser et d'en parler le cas échéant.

« Souhaiter » et « désirer » sont deux choses bien différentes

En distinguant clairement entre reconnaître l'existence d'un désir en soi et le réaliser, nous avons posé un jalon essentiel. Mais une autre distinction, tout aussi importante, doit nous guider dans la compréhension de ces problèmes tellement délicats. C'est celle qui existe entre les deux attitudes d'esprit totalement différentes, et malheureusement souvent confondues, que désignent les mots « désirer » et « souhaiter ».

Pour établir cette distinction, risquons un exemple personnel. Je désire depuis longtemps faire du parapente, mais je ne le souhaite pas dans la mesure où je suis convaincu que j'aurais tôt fait de m'y tordre le cou ! Je peux aussi désirer la mort d'un proche qui me fait souffrir, mais je ne la souhaite pas parce que j'aime par ailleurs sincèrement cette personne. Cette intuition que nous pouvons à la fois désirer et ne pas souhaiter une seule et même chose nous met souvent mal à l'aise. Il nous semble vouloir et ne pas vouloir en même temps, et nous craignons qu'on nous accuse d'être une « girouette ». Pourtant, les deux termes « désirer » et « souhaiter » sont loin de désigner la même chose. Le désir ne connaît que sa propre logique alors que le souhait tient compte de nos divers attachements et de l'estime que nous nous portons à nous-mêmes. Le compromis qui résulte de ces trois registres est justement ce qui se manifeste à la conscience sous la forme du souhait. C'est pourquoi, si je présente mes vœux à un ami paralysé, je ne lui souhaite pas de marcher dans l'année, même si nous le désirons très fort, lui et moi ! En revanche, je lui souhaite un voyage, une meilleure santé, des moments de bonheur... bref, un ensemble de projets qui ne sont pas seulement désirables, mais qui correspondent à une réalité possible.

Prenons un autre exemple, emprunté celui-là au développement du jeune enfant. La plupart des garçons, aux alentours de cinq ans, disent qu'ils veulent se marier avec leur maman. Imaginons un père qui, entendant cela, ferait sa valise et dirait à son jeune fils : « Eh bien, puisque tu veux rester seul avec ta mère et l'épouser, je m'en vais ! » Une telle attitude aurait évidemment des conséquences catastrophiques sur l'enfant et ce père passerait à juste titre pour un fou ou un pervers. On ne peut pourtant pas nier que les enfants, à cet âge, désirent que leur parent de même sexe s'éloigne afin de rester seuls avec l'autre. Pour autant, ils ne souhaitent pas que cela arrive pour de vrai !

L'enfant attend même précisément de l'adulte qu'il le

protège contre de tels désirs au nom d'autres préoccupations, notamment la stabilité de ses attachements. Car celui qui désire un rapprochement intime avec un adulte pressent toujours en même temps combien l'accomplissement de celui-ci serait catastrophique pour son équilibre. Il a en particulier l'intuition que cela ôterait à cet adulte une place parentale qui le protège pour lui substituer une place de parent-amant très problématique. Comment pourrait-il la concilier avec son affection pour son autre parent et son statut d'enfant ?

De fait, lorsqu'il existe une consommation sexuelle entre un enfant et un adulte qui en a la charge – parent ou pédagogue –, les liens d'attachement et les investissements sexuels de l'enfant se soudent entre eux et deviennent inséparables de l'adulte avec lequel cela a eu lieu. Même tenu physiquement à l'écart de cet adulte, l'enfant lui reste attaché ou, plus précisément, il reste hanté par lui à tout jamais. Toute autre forme de relation amoureuse est vouée à l'échec, comme s'il devait rester fidèle à cette expérience traumatique, rechercher des partenaires qui ressemblent à l'adulte en question, ou répéter la forme de sexualité que celui-ci lui a d'abord imposée. C'est pourquoi, quand un enfant semble rechercher un contact sexuel avec un adulte, on est en droit de penser qu'il a été précédemment abusé. Ce n'est pas, bien entendu, le cas de tous les enfants victimes de sévices sexuels. On ne peut jamais savoir comment un enfant sexuellement agressé évoluera. Mais aucun enfant ne souhaite jamais une réalisation sexuelle avec un adulte – et cela même s'il la désire – sauf s'il a été abusé.

La morale de « Peau d'Âne »

Que se passe-t-il lorsque les adultes sont incapables de faire la distinction entre désirer et souhaiter ? On connaît les situations d'abus sexuels, mais une autre éventualité se présente plus souvent qu'on ne croit. C'est celle que nous raconte le conte *Peau d'Âne*. Cette histoire, bien loin d'évoquer les rêveries d'une fillette, met en scène la confusion incestueuse d'un père et la complaisance de son épouse à son égard.

Dans ce conte, une reine « très belle » meurt après avoir fait promettre au roi son époux de ne prendre pour deuxième épouse qu'une femme plus belle encore. Celle-ci, évidemment, ne peut être que sa propre fille, dont la renommée dans ce domaine est déjà grande. En s'appuyant sur l'autorisation de la défunte – pour ne pas dire sur son encouragement... –, le roi décide donc d'épouser sa propre fille. L'opposition de ses conseillers et les supplications de celle-ci n'y font rien.

La distinction entre désirer et souhaiter est d'autant plus facilement ignorée par un adulte qu'il détient un pouvoir important. Il est alors certain de son identité, de ses attachements et de son emprise sur les autres. Quant aux lois, chacun sait combien les puissants de ce monde ont tendance à se croire au-dessus de celles qu'ils promulguent !

La situation de l'enfant est bien différente. Lui a l'intuition de la catastrophe à la fois psychique et relationnelle que provoquerait la réalisation de ses désirs sexuels vis-à-vis d'un adulte. C'est pourquoi, s'il est faux de prétendre qu'il n'éprouve pas de tels penchants, il serait criminel d'arguer de leur existence pour l'inviter à les réaliser. Or c'est ce que fait le parent abuseur. Et que se passe-t-il alors ? Le conte *Peau d'Âne* est là pour nous le rappeler.

Quand un adulte n'est pas capable d'établir une distinction claire entre désirer et souhaiter, c'est malheureusement à l'enfant de tenter de fixer la limite qui les protégera tous deux contre cette folie. Dans *Peau d'Âne*, la jeune fille trouve une complice en la personne de sa marraine la fée. Celle-ci n'a pas le pouvoir de faire changer le roi d'avis mais, tout en travaillant à le faire renoncer à son projet, elle suggère à sa filleule plusieurs astuces pour lui permettre de gagner du temps. Pourtant, rien n'arrête le roi. Pour épouser sa fille, il va même jusqu'à sacrifier l'âne magique dont il tire sa fortune ! Il ne reste à Peau d'Âne que la fuite, et c'est souvent la seule issue pour un(e) adolescent(e) soumis(e) aux sollicitations sexuelles d'un adulte.

Le désir peut être entendu, seul le souhait doit être écouté

Écouter... entendre... Ces deux mots ont une signification bien différente. Entendre n'implique pas d'être attentif à la signification alors qu'écouter en est inséparable. C'est pourquoi on peut parler d'« entendre » le désir, alors que le souhait, lui, doit toujours être « écouté ». Les désirs que nous percevons chez autrui relèvent de leur vie psychique intime : nous pouvons, ou non, y être sensibles. En revanche, leurs souhaits tiennent compte des exigences contradictoires de leur personnalité et de leur environnement, qu'ils connaissent mieux que quiconque et dont ils sont les seuls juges. Nous devons les respecter.

L'impossibilité ou le refus de faire cette distinction mène rapidement à la confusion, et d'abord pour soi-même.

Toute personne soumise à une tentative de séduction qui mobilise son désir, mais à laquelle elle ne souhaite pas donner suite, court le risque de penser qu'elle « ne sait pas ce qu'elle veut ». Il peut en résulter un état de désarroi d'autant plus intense que le séducteur ne manque jamais de l'évoquer et d'en jouer. À la limite, une femme peut ne pas souhaiter de relation intime avec un homme qu'elle désire malgré tout, et ce désir peut l'amener à jouir si elle est violée par lui. Cela est évidemment terriblement perturbant pour elle, d'autant plus qu'aux yeux de son agresseur, cela justifie après coup le viol ! Pourtant, c'est sa parole, et sa parole seule qui aurait dû être respectée. Le désir, même partagé, ne suffit pas à lui seul à justifier le rapprochement sexuel : il y faut également le consentement.

La distinction entre « désirer » et « souhaiter » permet enfin de mieux comprendre la place de la loi par rapport au désir. Plus celle-ci punit sévèrement les adultes qui se sont rendus coupables de crimes sexuels, et plus ceux qui ont de tels désirs y regarderont à deux fois avant de s'engager dans leur réalisation. Car si la loi n'agit pas sur nos désirs, elle influence le souhait que nous avons de les réaliser. Risquer d'être condamné à une lourde peine de prison conduit en général ceux qui ont des désirs pédophiles à ne pas souhaiter réaliser ce qu'ils désirent en secret, et c'est très bien comme cela. Malheureusement, ce n'est qu'une partie du problème : celui qui est ainsi dissuadé de « passer à l'acte » doit absolument disposer d'interlocuteurs pour se représenter ce qu'il éprouve et le socialiser. À défaut, il risquerait d'être un jour submergé par son désir et d'adopter des conduites qui lui échappent, que celles-ci aillent dans le sens d'une séduction de l'enfant ou, au contraire, d'une attitude excessivement répressive à son égard.

Si chacun peut jouer ce rôle pour ses proches, il existe une catégorie professionnelle dont c'est le métier, ce sont les travailleurs du champ médico-social. Leur fonction est en fait double. D'un côté, ils doivent bien sûr rappeler à leurs interlocuteurs que la loi existe, mais en même temps, leur travail ne se réduit pas à être un substitut du gendarme ou du juge. Ils sont d'abord les garants de la légitimité du désir et de sa formulation. C'est pourquoi, si un adulte évoque une préoccupation dont l'accomplissement est interdit – comme de séduire un mineur par exemple –, leur rôle est de répondre qu'aucun désir n'est pathologique en soi et qu'en parler dans un cadre approprié est même une démarche bénéfique. Ce qui n'empêche pas de souligner la fondamentale distinction entre « désirer » et « faire », et de rappeler que si éprouver de tels penchants est permis, les réaliser est en revanche interdit.

Bref, le travailleur du champ médico-social doit faire constamment les parts respectives de la réalité extérieure et de la réalité intérieure pour rendre à chacune ce qui lui appartient. Car toute loi est bordée par deux versants : d'un côté, la sanction qui pénalise ceux qui la transgressent dans la réalité extérieure ; et de l'autre, nos émotions et nos désirs auxquels elle fixe un cadre dans le monde intérieur de chacun.

Chapitre 7

La « résilience », un succès émotionnel entre réalité et fiction

Les personnes qui ont appris un jour à retirer leurs émotions pour se protéger restent souvent fidèles à ce comportement. L'anesthésie à laquelle elles ont recours limite leurs capacités de ressentir et leurs échanges en sont évidemment réduits. Pourtant, dans la mesure où elles n'en souffrent pas, elles ont tendance à sous-estimer la portée de cette attitude pour leurs proches. Elles le font d'autant plus volontiers que leur vie émotionnelle est souvent très riche dans les domaines où elles ne se sentent pas menacées. Ainsi peuvent-elles se sentir transportées en écoutant une musique, en visitant une exposition de peinture ou en s'occupant de jeunes enfants par lesquels elles ne s'imaginent pas remises en cause. À tel point que ces personnes croient parfois, en toute bonne foi, avoir « dépassé », voire « résolu » leur traumatisme. Et pourtant, elles sont souvent un vrai défi pour leur famille tant est déroutante la rapidité avec laquelle elles sont capables de désinvestir une relation sous l'effet d'une menace réelle... ou imaginaire.

La confusion de l'adolescence

Lorsque ces personnes viennent en consultation, c'est rarement pour elles-mêmes. Relativement aux traumatismes qu'elles ont subis, n'avoir jamais cédé à la tentation du suicide, ni à celle de la violence contre autrui, leur semble une preuve de bonne santé. Et d'une certaine façon, elles ont raison. Elles ont continué leur route et se sont construit une vie familiale et sociale à peu près réussie alors que les violences qu'elles ont endurées auraient pu hypothéquer gravement leur avenir.

En revanche, ces personnes viennent souvent consulter pour leurs enfants, notamment à l'occasion de toxicomanie, de fugues ou de tentatives de suicide à l'adolescence. Il est remarquable que ces jeunes emploient alors fréquemment la même formule pour parler de celui de leurs parents qui leur pose problème : « Il – ou elle – me met la pression. » Cette pression n'est pas toujours visible dans la durée d'une consultation, et pour cause : l'enfant fait allusion à la pression continue, sournoise et invisible qui a pesé sur lui pendant toutes ses jeunes années. Le parent responsable, lui, ne comprend généralement pas de quoi il s'agit...

Quand on s'est sorti de difficultés graves, on comprend mal que des jeunes « qui ont tout pour être heureux » soient désemparés. Les excès et les retraits émotionnels brutaux semblent d'autant plus banals qu'on a toujours vécu avec, tout comme avec les crises d'angoisse qu'on parvient en général à contenir dans l'espace familial et à cacher à l'entourage professionnel. J'ai connu plusieurs cadres de haut niveau dont la vie sociale était exemplaire, mais qui s'alcoolisaient et s'abandonnaient à des colères inexplicables dès leur retour en famille. L'un d'entre eux parlait même chaque soir de se suicider avec un fusil qu'il avait chez lui et qu'il appelait « sa Mauser », du nom de la marque de l'arme, sans se rendre compte qu'il disait là très précisément son désir de rejoindre sa mère – sa « mother » – qui s'était suicidée dans son enfance, avant qu'il ne parvienne à se construire, selon la formule consacrée, « une vie sociale et professionnelle réussie ».

Tous ceux qui ont traversé des épreuves graves ne sont heureusement pas ainsi, mais leur aptitude au retrait ou à l'abandon émotionnel brutal a toujours la même conséquence. Lorsqu'ils ont des enfants, ceux-ci ne vivent pas seulement leurs difficultés personnelles, mais aussi celles de leur parent en souffrance. Ils portent son angoisse cachée et se culpabilisent de sa dépression, manifeste ou latente. Le parent ne s'en rend pas compte parce qu'il est habitué depuis longtemps à sa douleur. Mais l'enfant, lui, l'a reçue de plein fouet, très tôt, à un âge où il était bien trop jeune pour pouvoir la circonscrire et la contenir. Il s'en est imprégné, mais, vivant dans l'ombre d'une famille protectrice, il a réussi à toujours lui échapper. Ce statut protégé prend malheureusement souvent fin à l'adolescence.

L'enfant qui envisage de s'éloigner de ses parents et commence à rompre ses liens avec leur statut protecteur se trouve confronté massivement à celles de leurs angoisses qu'il a hébergées à l'intérieur de lui. La confusion des émotions, à l'adolescence, n'a pas seulement le versant personnel qu'on lui connaît, popularisé par le roman et le théâtre. L'adolescent ne se débat pas seulement entre des émois contradictoires et souvent dérangeants. Il est aussi aux prises, plus qu'il ne le sera jamais, avec les émotions que ses parents ont, tout au long de sa petite enfance, déposées au fond de lui à leur insu. Confondant ces angoisses étrangères dont il est devenu l'hôte avec les siennes propres, il vit comme des difficultés insurmontables des situations qui apparaissent d'autant plus anodines au parent anciennement traumatisé que lui s'est sorti de difficultés bien plus graves ! La confusion de l'adolescent entre ses émotions propres et celles de son parent aboutit fréquemment à une consultation auprès d'un « psy ». Toute la difficulté pour celui-ci est alors de faire la part entre les émotions personnelles de l'adolescent qui témoignent de ses désirs et de ses craintes – voire de ses traumatismes – et celles qu'il a précocement installées en lui sous l'effet de la « pression » d'un proche.

De ce point de vue, mieux vaut un parent qui s'est effondré après un traumatisme, qui a été soigné et le reconnaît, plutôt qu'un autre qui n'a jamais « craqué » ou « pété un plomb », mais qui n'en a jamais été bien loin et refuse de l'admettre. Dans le premier cas, l'enfant a au moins une validation de ce qu'il pressent tandis que, dans le second, il n'en a aucune.

L'approche familiale, pour ces adolescents, est évidemment capitale. Elle permet de leur confirmer ce qu'ils savent depuis toujours : leur parent est comme un coffre hermétiquement clos dans lequel sommeillent des monstres. Le drame est que ces personnalités reçoivent aujourd'hui un véritable sacre narcissique qui contribue à écarter définitivement d'elles toute idée qu'elles devraient changer. La raison tient en un mot, celui de « résilience ».

Le précédent américain

Outre-Atlantique, on exalte depuis longtemps la capacité de recevoir des coups et de rebondir. Paul Claudel écrivait déjà : « Il y a dans le tempérament américain une qualité, qu'on traduit là-bas par le mot *resiliency*, pour lequel je ne trouve pas en français de correspondant exact, car il unit les idées d'élasticité, de ressort, de ressource et de bonne humeur [1]. » Plusieurs chercheurs américains ont tenté de donner à ce terme un fondement scientifique. Il s'agissait notamment de pouvoir prévenir la survenue des traumatismes liés à la guerre de 1914-1918, puis de 1939-1945. Plusieurs études ont alors été réalisées pour tenter de comprendre le destin réussi d'individus que leur enfance catastrophique semblait pourtant promettre à un avenir sombre. C'est pour en rendre compte que Fritz Redl introduisit le concept d'« ego résilience » en 1969, et que Julius Segal s'intéressa à ce qu'il appela les « racines de la résilience humaine [2] ».

Parallèlement, comme en France aujourd'hui, l'adjectif « résilient » trouvait dans le grand public un écho sans commune mesure avec les recherches menées à son sujet dans les milieux scientifiques. Dans les années 1980, il avait si bien envahi le vocabulaire éducatif et familial que des pédagogues expliquaient par exemple qu'il ne fallait pas s'inquiéter des traumatismes vécus par les jeunes enfants : n'étaient-ils pas réputés « résilients » ? Mais les recherches

1. Claudel, P., *Œuvres en prose*, Paris, Gallimard, La Pléiade, p. 1205.
2. Segal. J., *op. cit.*

épidémiologiques et statistiques ont rapidement tempéré cet enthousiasme. L'une d'entre elles, parue en 1987 [1], a en particulier montré qu'il est très difficile de faire la différence entre les personnes qui ont réellement dépassé les effets d'un traumatisme et celles qui en donnent seulement l'impression. Ces dernières peuvent sembler parfaitement sorties d'affaire... mais s'effondrer à la suite d'un événement anodin qui a fait surgir leur traumatisme passé du « placard » où elles l'avaient jusque-là enfermé.

En France, les chercheurs qui ont repris le mot de « résilience » ont tenté d'éviter ces ambiguïtés en modifiant sa signification. Plutôt que de mettre l'accent sur le fait d'être ou non « résilient », ils s'intéressent aux processus par lesquels une personnalité parvient à gérer efficacement les traumatismes qu'elle traverse. Il serait pourtant faux de croire que cette préoccupation ait été absente des travaux américains. La résilience comme processus a fait l'objet d'enquêtes et de publications aux États-Unis, notamment celles de Julius Segal [2]. Cet auteur a même proposé une liste de cinq moyens psychologiques permettant à chacun de cultiver sa résilience ou celle de ses proches : développer la communication, prendre des initiatives relationnelles, ne pas céder à la culpabilité, donner du sens aux épreuves que l'on traverse et enfin nouer des liens avec ceux qui ont vécu des difficultés semblables. Ces cinq moyens constituaient déjà un véritable programme destiné à favoriser la résistance aux traumatismes sans préjuger du résultat. Pourtant, cela n'a pas éteint la confusion entre la résilience

1. Anthony, E.J., Cohler, B., *The Invulnerable Child,* New York, Gnilford Press, 1987.
2. Segal, J., *op. cit.*

comme état et la résilience comme processus. C'est bien compréhensible. L'utilisation du même mot pour désigner ces deux réalités distinctes abolit sans cesse leur différence. Et d'autant plus que ce mot-là, quoi qu'on dise et qu'on fasse, incite à penser qu'il s'agit d'une qualité.

En fait, avec lui, nous sommes doublement dans ce que nous avons désigné comme le mensonge des émotions. D'abord, il contribue à valoriser le sentiment de « s'en être sorti » en passant sous silence les stratégies émotionnelles parfois lourdes de conséquences pour les proches qui ont été utilisées pour y parvenir. Et ensuite, son succès auprès d'un large public est porté par la forte charge émotionnelle qu'il véhicule aux dépens d'un examen critique de la complexité des faits. Avec lui, quiconque a subi un traumatisme se sent valorisé dans sa capacité d'y avoir survécu tandis que tous ceux qui se débattent dans des difficultés graves rêvent qu'ils vont les dépasser. Bref, le mot console et rend optimiste, mais ne favorise guère la pensée. Rien d'étonnant donc si cet engouement émotionnel en a fait rapidement une source de malentendus inépuisables. Certains de ses défenseurs s'en étonnent, voire s'en offusquent. La confusion était pourtant prévisible puisque tout s'était déjà passé exactement de la même façon, il y a un quart de siècle, aux États-Unis.

Un concept qui fait image, une image qui nous abuse

Ce n'est pas nous qui faisons les mots, mais les mots qui nous font. Telle est la leçon essentielle de nombreux travaux de la seconde moitié du XXe siècle – notamment ceux de Michel Foucault, Roland Barthes et Jacques

Derrida. De ce point de vue, le mot de « résilience » piège quiconque le prononce.

D'abord, il est un mot qui fait image. Or une image, on le sait aujourd'hui, a d'autant plus de chances de rencontrer le succès que sa signification est plus floue. Dans une photographie, par exemple, il est capital qu'aucun repère géographique ou historique ne soit visible, que les vêtements des protagonistes soient le plus neutres possible et qu'aucun signe distinctif n'apparaisse autour d'eux. Les conditions d'une image « emblématique » sont à présent si bien connues que certains photographes, comme Eugène Smith, les ont mises à profit pour fabriquer des photographies qui ont effectivement connu un succès mondial [1].

Mais si une photographie ou un dessin ouvert à toutes les significations est un support extraordinaire de rêveries, un mot fourre-tout est, quant à lui, une mine de confusions !

C'est ce qui arrive par exemple constamment autour du mot de « catharsis ». Il a pris, au cours de l'histoire, au moins trois significations différentes. Dans la Grèce ancienne, il désignait le processus par lequel le peuple rassemblé était invité à éprouver, au théâtre, la pitié et la crainte pour ses ennemis, afin d'être protégé de ces émotions dans la réalité des combats. Au XVIIIe siècle, il a désigné une sorte de purgation des émotions antisociales : le théâtre n'était plus pensé en termes de thérapie communautaire comme à l'époque d'Aristote, mais d'entreprise de moralisation publique. Enfin, plus près de nous, le mot de

1. Voir à ce sujet Tisseron, S., « Qu'est-ce qu'une image emblématique ? », in Mora, G., et coll., *W. Eugène Smith, Du côté de l'ombre*, Paris, Le Seuil, 1998.

« catharsis » s'est mis à désigner tout déplacement d'émotion : c'est ainsi qu'on l'invoque si quelqu'un pleure devant la mise en scène d'un enterrement au cinéma alors qu'il n'a rien manifesté à la mort d'un proche deux mois plus tôt. La première de ces significations engage les liens qui réunissent des spectateurs, la deuxième a une portée moralisatrice et la troisième concerne un processus psychologique.

C'est la même chose pour le mot « résilience ». Il peut être axé sur des défenses de groupe, prendre une signification morale ou encore désigner des mécanismes psychiques individuels. Bref, chacun y met ce qu'il veut, mais personne ne sait ce qu'y met son voisin quand il l'utilise !

Il existe toutefois une différence capitale entre le mot de « catharsis » et celui de « résilience ». Le premier fait partie de notre culture depuis des siècles et nous sommes bien obligés de gérer la confusion qui en résulte. En revanche, avant l'introduction du second dans les années 1990, la confusion, au moins en France, était écartée. Quand nous parlions de « résistance aux traumatismes », il était évident que nous n'adoptions pas un point de vue moral. Ce n'est malheureusement plus le cas avec la résilience, et ceux qui ont tenu à l'introduire le savaient bien puisque le précédent américain en était déjà la tragique illustration...

Mais ce mot-valise n'aurait pas connu un succès médiatique aussi fulgurant s'il n'avait été préparé par un autre, celui de « transmission ».

L'application de ce mot à la psychologie a entraîné, nous l'avons vu [1], une confusion majeure : puisque la « transmission » obéissait dans tous les domaines à des lois rigoureuses,

1. Voir *supra*, chapitre 5.

il en était de même pour ce qui concerne la vie psychique entre les générations. Des fantasmes mécanistes ont alors prospéré, comme celui selon lequel il faudrait trois générations pour faire un psychotique. À l'horizon de ces formulations à l'emporte-pièce, la liberté de chacun se réduisait comme peau de chagrin !

L'angoisse suscitée a évidemment été si grande que chacun a appelé de ses vœux un correctif. Plusieurs travaux psychanalytiques insistaient pourtant sur le fait qu'aucune fatalité ne condamne au malheur ou à la répétition permanente ceux qui ont connu un début d'existence douloureux [1], mais ils étaient étonnamment ignorés par un public séduit par les jugements en termes de tout ou rien. C'est donc autour de la résilience que certains prétendirent comprendre ce qui était pourtant déjà largement présent, comme si un excès dans un sens ne pouvait être corrigé que par un autre en sens opposé.

Alors que le mot de « transmission » évoque pour chacun un destin totalement déterminé par les ancêtres, celui de « résilience » prétend donc restituer à chacun le contrôle absolu de son histoire. Les gens « résilients » pourraient non seulement résister aux traumatismes qu'ils ont subis et éviter de « transmettre » ceux-ci aux générations suivantes, mais ils pourraient aussi mieux échapper que les autres aux conséquences des traumatismes vécus par leurs ascendants. C'est pourquoi nombreux sont ceux qui se sont précipités sur ce mot en ayant l'impression qu'il les tirait d'un mauvais pas...

1. Notamment les travaux d'Esther Bick (voir Harris, M., *À la découverte des bébés et des jeunes enfants*, Clancier-Guénaud, 1983), de Didier Anzieu (*Le Moi-Peau*, Dunod, 1985) et de Nicolas Abraham (*op. cit.*), pour ne citer que ceux-là.

Les quiproquos d'un mot-valise

Le risque est que le remède se révèle finalement aussi dangereux que le mal. Le mot « transmission » poussait à penser que les souffrances d'une génération se répètent sans changement à la suivante et la pensée a failli s'y bloquer. Celui de « résilience » fonctionne comme une sorte de pommade narcissique dont chacun est tenté de s'oindre sans pour autant chercher à comprendre son fonctionnement. Cela se voit notamment par le fossé qui existe entre la certitude de nombreux parents d'avoir « surmonté leurs traumatismes » – par exemple des violences ou des abus sexuels vécus dans leur enfance – et leur incapacité à comprendre que leurs enfants ont des moyens pour surmonter les leurs – par exemple l'impact des images pornographiques ! Renoncer au quiproquo entre « état » et « processus » mettrait bien entendu fin à de tels égarements émotionnels, mais priverait nombre de nos contemporains du bénéfice narcissique de s'imaginer « résilients ». Le mot perdrait du même coup beaucoup de son pouvoir de séduction... et de son succès.

Mais quels sont donc ces quiproquos que le mot de « résilience » entretient ? Il y en a trois : il cache la variété des processus psychiques mis en jeu pour faire face aux traumatismes, passe sous silence leur extrême fragilité et masque la diversité de leurs répercussions sociales [1].

Le premier reproche que suscite l'usage de ce mot est

1. Pour plus de précisions sur ces quiproquos, on peut consulter mon ouvrage *Comment Hitchcock m'a guéri*, Paris, Albin Michel, 2003.

d'occulter la grande variété des processus psychiques utilisés face à un choc émotionnel. À un extrême, la victime enferme tout ce qu'elle a éprouvé et imaginé dans une sorte de « placard » où elle tente de l'oublier – c'est le clivage ; et à l'autre extrême, elle tente de se donner des représentations symboliques de ce qu'elle a vécu en utilisant des mots, des images ou des rituels. Ces deux manières de se frayer un chemin dans la vie au décours d'une expérience traumatique ne sont évidemment pas équivalents et il est grave de les confondre.

La seconde raison pour laquelle le mot de « résilience » engendre la confusion est qu'il cache le caractère extrêmement fragile de toutes les défenses mises en place dans ces situations. Elles sont un peu comparables à celles que nous développons pour faire face à une maladie, par exemple un cancer. Le patient est soigné au mieux, mais nul ne peut prédire ses rechutes possibles. Et c'est seulement lorsqu'il est mort que, suivant la cause de son décès, on peut dire s'il a bien ou mal résisté à sa tumeur ! Dans le domaine des blessures psychiques, tout peut aussi à tout moment basculer de manière imprévisible. Ce peut être sous l'effet d'une expérience palpable, comme le décès d'un proche, l'éloignement d'un être cher ou même un simple déménagement. Mais c'est aussi parfois de manière inexplicable. La comparaison de la résilience avec une perle qui naît dans une huître est fort ambiguë parce que sa solidité n'est jamais assurée, et encore moins prévisible !

Enfin, la dernière source de confusion induite par ce mot concerne la diversité des formes de liens utilisés pour faire face aux conséquences d'un traumatisme. Certains se dévouent à leurs prochains, d'autres s'y rendent indifférents et d'autres encore les persécutent...

L'auberge espagnole

Dans cette gigantesque auberge espagnole, il est toutefois possible de distinguer trois grands courants. Le premier est celui des tenants du « développement personnel » : il est numériquement important et contribue largement au succès du mot. Le second est d'inspiration cognitiviste et comportementaliste. Enfin, un troisième est constitué de thérapeutes se référant à la psychanalyse.

Commençons par les partisans du développement personnel. Ils usent de techniques extrêmement disparates pour favoriser la résistance aux traumatismes. Sous leur plume, on trouve les groupes de soutien, les multiples formes de l'art thérapie, la pratique personnelle d'une activité artistique, l'hypnose, les « harmonisants » du docteur Bach (autrement appelés « fleurs de Bach », vendus en pharmacie à des millions de Français), la kinésiologie, la visualisation créatrice, la sophrologie, le « Reiki » et « des dizaines d'autres approches complémentaires de soins » que les auteurs ne prennent parfois pas la peine de recenser[1]. Bref, tout et n'importe quoi. En outre, pour eux, le mot de résilience est chargé d'une forte valeur morale qui inclut le respect de soi-même et des autres, la compassion, voire l'« amour ». Ce courant kaléidoscopique rencontre aujourd'hui en France un succès populaire qui contribue largement à celui de la résilience.

Le courant des thérapeutes cognitivo-comportementalistes met en avant les stratégies de renforcement de la per-

---

1. Poletti, R. et Dobbs, B., *La Résilience, L'art de rebondir*, Paris, Jouvence, 2001.

sonnalité, d'adaptation et d'efficacité sociale. C'est bien normal. Leurs programmes ont toujours valorisé ce qu'ils appellent l'abandon de la fausse culpabilité, le remodelage émotionnel, la clarification des convictions, l'affirmation de soi et la prise d'initiative. Pour eux, le défaut de résilience relève d'un déficit du répertoire comportemental, or tout comportement peut être démonté et enseigné.

Enfin, les psychanalystes sont en général réticents à utiliser le mot de « résilience ». Ce n'est pas parce qu'il fait une large place à l'intersubjectivité comme on le croit parfois – celle-ci est inscrite depuis plusieurs années déjà dans leurs préoccupations –, mais pour d'autres raisons.

Le cognitivisme réveillé par la résilience

Pour les cognitivistes, la résilience est une vieille connaissance. Elle était déjà dans leurs bagages il y a plus de cinquante ans, avant qu'ils ne l'abandonnent en s'apercevant qu'elle n'avait aucune valeur scientifique. Cependant, la résilience « à l'européenne » qui leur revient aujourd'hui du Vieux Continent est différente de leur produit d'origine. Non parce qu'elle s'est détournée des « états » au profit des « processus », puisque cette révolution-là, Julius Segal l'avait faite depuis longtemps aux États-Unis. La métamorphose que propose la résilience « européenne » est bien plus fondamentale. Il s'agit de la prise en compte de quelques mécanismes psychiques de base, élémentaires pour les psychanalystes, mais radicalement bouleversants pour les cognitivistes ! Ceux-ci ont en effet construit leur approche des souffrances psychiques avec l'intention explicite de ne jamais prendre en compte ce qui se passe à l'intérieur de l'esprit. Pour eux, le psychisme est une sorte de « boîte noire » dont le contenu serait à jamais inaccessible. Mais cette attitude les a rapidement conduits à quelques échecs thérapeutiques retentissants...

Par exemple, la volonté des cognitivistes de ne pas envisager les faits psychiques les a menés à prôner un traitement de choc des situations de traumatisme en obligeant les victimes à parler immédiatement de ce qu'elles ont vécu. Et, pour y parvenir, ils ont appliqué en toutes circonstances un protocole mécanique ne tenant pas compte de l'histoire et de la personnalité singulière de chacun. Le résultat s'est rapidement révélé catastrophique, comme l'a montré l'application massive de cette sorte de débriefing aux soldats israéliens après la guerre du Kippour.

De la même façon, les cognitivistes ont connu de nombreux déboires dans leur prise en charge des pathologies du deuil où certains d'entre eux se bornaient à répéter sans cesse au survivant que le disparu était « bien mort », à la façon d'un disque rayé.

Pour ceux qui regrettent ces erreurs, la résilience « à l'européenne », c'est-à-dire enrichie par quelques concepts psychanalytiques de base, représente une formidable ouverture. Elle les invite à envisager le rôle joué par l'histoire et la personnalité de chacun... sans rien devoir aux psychanalystes. Bref, l'honneur est sauf, même si l'approche qu'ils adoptent ainsi est très voisine de celle que la psychanalyse prône depuis ses débuts. De ce point de vue, la résilience est une véritable trousse de secours pour les cognitivistes. Elle peut même leur permettre un jour d'envisager l'existence de l'inconscient sans pour autant faire allégeance à la psychanalyse ! Il ne faut donc pas s'étonner que les pays où domine un cognitivisme critique – comme le Canada, l'Italie, la Turquie ou la Grèce – soient les plus gros demandeurs de « résilience à l'européenne ».

La psychanalyse nettoyée par la résilience

Alors que la résilience éclairée par une prise en compte de l'histoire de chacun est une occasion d'aller de l'avant pour les cognitivistes, on se demande d'abord ce que le mot peut apporter de neuf aux psychanalystes.

Il insiste en effet sur les concepts les plus traditionnels de la psychanalyse, tels que la « mentalisation », l'« élaboration psychique » et la « symbolisation », bref le *vade-mecum* de base. Et d'autres fois, il s'appuie sur les avancées théoriques les plus novatrices des années 1970 à 1990 [1] comme la « nécessité du lien » (on pense à la théorie de la symbolisation comme relation développée par Nicolas Abraham [2]) ; l'importance de « circonscrire la souffrance » à la suite de Bion et de Winnicott (Didier Anzieu a largement étudié les processus de contenance psychique [3]), ou enfin « la mise en mémoire, la narration

1. Parfois menées en lien avec les travaux de John Bowlby (*Attachement et perte*, Paris, PUF, 1978-1984, trois tomes), popularisés en France par le « colloque imaginaire » organisé par René Zazzo (Zazzo, R., et coll., *L'Attachement*, Neuchâtel, Paris, Delachaux et Niestlé, 1979), et d'autres fois totalement indépendantes d'eux.

2. *L'Écorce et le Noyau, op. cit.* Ces travaux sont repris et commentés dans Rand, N., Torok, M., *Voies nouvelles en psychanalyse*, Paris, Les Belles Lettres, 1997, rééd. Flammarion, 1999.

3. Anzieu, D., et coll., *Les Contenants de pensée*, Paris, Dunod, 1993.

et la mythologie familiale », toutes largement développées par les psychanalystes familiaux.

Certains se prennent malgré tout au jeu : tel psychanalyste affirme que c'est la capacité de jouer définie par Winnicott qui est la véritable « résilience », un autre que c'est le bon usage des processus de défense du Moi étudiés par Anna Freud, un troisième que c'est la capacité de symbolisation telle que Nicolas Abraham et Maria Torok l'ont refondée, et un quatrième postule que c'est la capacité de garder l'enfance présente en soi. Rien de tout cela n'est faux puisqu'il ne s'agit que du choix de la définition à accorder à un mot !

D'autres sont tentés par la résilience pour des raisons peu avouables. Dans la mouvance d'un lacanisme souvent caricatural, ils ont longtemps ignoré l'impact des traumatismes et le rôle des apprentissages, de l'attention et de la conscience dans la vie psychique. Le problème est qu'ils ont pris l'habitude de considérer ceux qui se sont intéressés à ces aspects comme leurs ennemis ! Comme pour les cognitivistes, la résilience, qu'ils accommodent à leur sauce, leur permet de ne rien devoir à des écoles psychanalytiques concurrentes.

Pourtant, aussitôt qu'on est tenté de raisonner en termes de résilience, la psychanalyse s'y perd. Parce que c'est ignorer l'essentiel de la leçon freudienne, à savoir que l'être humain ne travaille pas seulement à se construire, mais aussi à s'aliéner. Les noirs désirs existent aussi, et la fascination pour le mal et la mort ! Par exemple, le lien, dont les adeptes de la résilience font grand cas, n'est pas toujours ce qui sauve et construit : c'est aussi parfois ce qui détruit, comme je l'ai montré à propos de la contagion de la honte [1]. Et il ne faut

1. Tisseron, S., *La Honte, op. cit.*

pas nous réjouir trop vite que rien ne soit jamais joué et que le présent remodèle sans cesse le passé, car cette assertion est valable pour le pire comme pour le meilleur !

En fait, dans le système de la résilience, seuls les concepts « constructifs » sont retenus... et du même coup dénaturés parce qu'ils ne sont pas placés dans une opposition dynamique à leur contraire [1]. Autrement dit, tout en prétendant utiliser la psychanalyse, le concept de résilience la vide systématiquement de son sens.

Les dangers d'un concept esthétique et moral

De tout ce qui se raconte autour de la résilience, la « beauté du résilient » est sans aucun doute le ressort le plus efficace à sa promotion... mais il est aussi un obstacle de taille à l'usage scientifique de ce mot. À en croire ses adeptes, les résilients seraient « magnifiques [2] », « superbes [3] », « merveilleux [4] », « positifs », « dignes [5] », ils vivraient

1. Par exemple, le travail pionnier de Nicolas Abraham sur les « fantômes » est inséparable de la prise en compte de ceux qui nous hanteront jusqu'à notre fin sans que nous les identifiions jamais, mais cela est oublié au passage par les adeptes de la résilience. De la même façon, dans l'approche des « enveloppes psychiques » de Didier Anzieu, l'« attachement au négatif » disparaît totalement alors qu'il joue un rôle essentiel pour comprendre qu'on puisse être « amoureux » de ses traumatismes au point de ne pas vouloir se passer d'eux.

2. Poletti, R. et Dobbs, B., *op. cit.*

3. *Ibid.*

4. Cyrulnik, B., *Un merveilleux malheur*, Paris, Odile Jacob, 2002.

5. Vanistendael, S. et Lecomte, J., *Le bonheur est toujours possible*, Paris, Bayard, 2000.

« debout[1] », resteraient « sensibles à la beauté malgré l'enfer de la souffrance », la beauté serait logée en eux « jusqu'au plus profond[2] », leur traumatisme serait semblable à une « perle dans une huître[3] », etc. Bref, les partisans de la résilience ne font pas qu'édulcorer les concepts classiques de la psychanalyse qu'ils reprennent à leur compte, ils les nimbent aussi d'une valeur esthétique et morale qui en travestit le sens.

« Être beau » est en effet devenu un diktat envahissant de notre société. Ici, il s'agit en outre de la « beauté du dedans », la plus rare et la plus recherchée, celle dont les publicités nous persuadent que certaines substances peuvent la rendre visible aux yeux de tous[4] ! Or la beauté, dans le sens commun, est volontiers associée à une vertu. La rencontre du « Beau », du « Bon » et du « Vrai » chère au philosophe Platon relève d'une pente naturelle de l'esprit humain. Comment croire que ce qui est beau soit mauvais ? Ce peut être malheureusement le cas, mais il nous coûte de le penser. Bref, l'association de la résilience à la beauté obscurcit un peu plus ce concept en lui donnant des résonances morales. Derrière elles, le mythe chrétien de la Rédemption n'est pas loin, le « résilient » étant censé avoir dépassé la part sombre de ses souffrances pour n'en garder que la part glorieuse et lumineuse. À la limite, l'esthétisation de la résilience conduit à faire de l'expé-

1. Gray, M., *Vivre debout*, Paris, Laffont, 1993.

2. Delage, M., « Résilience dans la famille et tuteurs de résilience, qu'en fait le systémicien ? », *Thérapie familiale*, Genève, 2004, vol. 25, n° 3, p. 339-347.

3. Cyrulnik, B., *op. cit.*

4. Sur cette stratégie marketing, on peut consulter mon ouvrage *Petites mythologies d'aujourd'hui*, Paris, Aubier, 2000.

rience traumatique une sorte d'épreuve initiatique dont seuls ceux qui l'ont traversée auraient le droit de parler. C'est ainsi qu'on peut lire : « Les meilleurs experts en résilience sont celles et ceux qui en ont fait preuve : même s'ils ne théorisent pas leur expérience, ils savent de quoi ils parlent[1]. » On voit pointer derrière cette phrase un jugement sans équivoque : ceux qui critiquent l'usage du mot n'ont pas connu la chose (étant donné la variété des processus qui y sont impliqués, on ne voit pas très bien de quelle connaissance il s'agit) et ils sont donc peu crédibles. On ne saurait mieux montrer que le mot de « résilience » substitue une forme de pensée quasi religieuse à l'exigence d'un débat qui place l'objectivité et la rigueur au centre de ses préoccupations.

Une autre preuve de cette dérive est la place donnée à l'« amour » dans la résilience. Victor Frankl va même jusqu'à affirmer que la « culture du Moi » développée actuellement par la société occidentale – à laquelle il associe le « manque d'altruisme et d'amour » – diminuerait la « capacité de résilience » des nouvelles générations[2] ! Chacun est libre de penser que l'amour prodigué à autrui renforcerait à la fois la résilience de celui qui aime et de celui qui est aimé, mais n'oublions pas que l'amour n'est guère un concept scientifique et surtout... que l'enfer est pavé de bonnes intentions ! Rappelons en outre que Julius Segal mettait déjà l'amour en avant dans son texte fondateur sur les caractéristiques de la résilience. Là non plus, rien n'est donc vraiment nouveau !

---

1. Cyrulnik, B., « La résilience, risques idéologiques », *Enfance majuscule*, n° 72-73, septembre-décembre 2003.

2. Frankl, V., *Découvrir un sens à sa vie*, éd. de l'Homme, Montréal, 1988.

Cette esthétisation moralisante d'un concept qui se voulait à l'origine scientifique présente deux dangers graves.

Le premier est d'opposer radicalement « ceux qui s'en sortent » à « ceux qui ne s'en sortent pas ». Or, nous l'avons vu, toutes les façons de « s'en sortir » ne sont pas équivalentes, et surtout, toutes sont fragiles. Entre « ceux qui s'en sortent » et les autres, la limite est bien plus ténue que le mot de « résilience » ne tendrait à nous le faire croire. Il risque même de retarder la nécessité de porter un regard différent sur tous ceux que la vie a blessés dans leur corps ou dans leur esprit. Ils ont le droit d'être reconnus dans leur différence, dans leur dignité et dans leur désir d'autonomie quelles que soient leurs limites. Et cette reconnaissance n'a rien à voir avec l'idéalisation de la capacité à résister aux traumatismes. Car si on qualifie de « magnifiques » ceux qui ont résisté aux traumatismes – parfois pour des raisons liées à leur environnement bien plus qu'à leurs capacités propres –, que dira-t-on de ceux que les épreuves ont fini par écraser ? Qu'ils sont « laids » ?

Le second danger de ce mot est de nous faire oublier que les victimes et les bourreaux se protègent par le même processus psychique décrit il y a plus d'un demi-siècle par Freud : le clivage. C'est bien sûr le cas de ceux qui ont vécu des persécutions. Ainsi, le psychiatre Stanislaw Tomkiewicz, déporté quand il était enfant, racontait qu'il avait longtemps entendu les rares descriptions de la vie quotidienne dans les camps comme des exagérations. C'est seulement après avoir fait un long travail sur lui-même qu'il a pu les accepter comme vraies[1] : ces souvenirs étaient si douloureux qu'il les avait effacés de sa mémoire par un mécanisme de clivage.

1. Communication personnelle.

Or c'est exactement la même chose pour les bourreaux. Dans le documentaire de la BBC diffusé par TF1 pour l'anniversaire de la découverte des camps[1], un ancien SS d'Auschwitz évoque indirectement cette question. Il n'a jamais été inquiété après la guerre[2] et s'est construit une vie parfaitement réussie en termes d'intégration et de considération sociale. Mais il s'est pourtant senti gravement ébranlé une fois, par sa future belle-mère, à l'occasion d'un repas familial. Comme celle-ci avait fait une brève allusion aux horreurs des camps, cet ancien SS s'était levé brutalement, avait frappé des deux poings sur la table et s'était écrié : « Ne me parlez plus de cela ou vous ne me reverrez jamais ! » C'est aussi ce que déclare l'ancien tortionnaire nazi du film *Music Box* (1989) de Costa-Gavras en réponse aux questions de sa fille : « Ça m'a pris toute une vie d'essayer d'oublier ce que j'ai vécu, et toi, tu voudrais que je me le rappelle ! » Et plus près de nous, c'est encore ce que disent les bourreaux du Rwanda dont Jean Hatzfeld a recueilli les témoignages : « Si on nous avait laissé retourner chez nous, tout le monde se serait aperçu que nous sommes des gens comme tout le monde[3] », autrement dit capables de surmonter les pires traumatismes, qu'ils aient été subis... ou infligés.

Ces réactions sont exactement semblables à celles des victimes. Annie Franck évoque l'une d'entre elles. La grand-mère juive de l'un de ses patients avait réussi à s'enfuir du ghetto de Varsovie, mais refusait d'en parler. Un jour, la question lui est directement posée. Alors, nous

1. TF1, 27 janvier 2005.
2. Ce fut le cas de 90 % des gardiens SS des camps de concentration (*ibid.*).
3. Hatzfeld, J., *op. cit.*

dit-il, « ma grand-mère se décompose et, blême, défaite, sur un ton de commandement implacable, répond : “Sors immédiatement d'ici[1] !” »

Voilà bien la leçon essentielle que la résilience nous cache : les victimes et les bourreaux se protègent souvent en utilisant le même mécanisme. Or si nous sommes prêts à admettre qu'il y a de la beauté chez une victime qui se relève, en dirons-nous autant de son bourreau ? Contentons-nous donc de parler de « clivage » pour désigner ce processus. Le clivage n'est ni bon ni mauvais en soi, ni beau ni laid. C'est un bon outil psychique sans aucune valeur morale, qui peut être mis aussi bien au service de l'oubli des tortures qu'on a subies que des crimes qu'on a accomplis. C'est pourquoi il convient parfaitement à la compréhension des conditions de dépassement d'un traumatisme, alors qu'un concept moral comme la résilience les obscurcit.

La résilience apporte-t-elle une ouverture au travail éducatif et social ?

Si le concept de résilience est peu opérant au niveau du travail thérapeutique, peut-il en revanche être utile au travail éducatif et social ? Pour approcher cet enjeu, commençons par un bref retour dans le temps avec l'histoire de John Merrick, cet homme atteint de malformations graves et spectaculaires qui vécut dans l'Angleterre victorienne et auquel David Lynch a consacré un film superbe.

1. Franck, A., « Le ghetto de Varsovie en héritage secret », *Le Coq-Héron 182*, Paris, 2005.

John Merrick, surnommé « Elephant Man », passa d'abord pour un arriéré parce qu'il craignait de parler. Le docteur Treeves le prit en affection et l'accueillit dans son hôpital, mais pas pour le soigner. Il favorisa les soins corporels, d'abord en confiant cette tâche à une gouvernante, puis en offrant à Merrick un « nécessaire à toilette » personnel afin qu'il en prenne lui-même l'initiative. Il stimula aussi sa créativité en lui permettant de construire une maquette : la cathédrale dont il apercevait la flèche de sa fenêtre. Enfin, il l'encouragea à parler et, bientôt, sa capacité de communiquer étonna tous ceux qui l'approchaient. Bref, Treeves, en plein milieu du XIXe siècle, apporta à Merrick tout ce qu'une organisation charitable empreinte d'idéal humaniste pouvait alors prodiguer à un malade : des soins corporels, des activités créatrices, de la communication et l'encouragement des initiatives. Ces diverses approches étaient à l'époque valorisées à parts égales. Cela n'a malheureusement pas duré...

Depuis un demi-siècle, une psychanalyse mal comprise a souvent incité à accorder une importance excessive à l'inconscient tandis que les activités éducatives et rééducatives se voyaient sous-évaluées [1]. Trop de travailleurs sociaux, d'éducateurs et de pédagogues ont vécu dans l'illusion de la suprématie de l'interprétation – qui concerne l'inconscient – et ont dévalorisé leurs propres activités qui engagent les apprentissages et la communication – que les

1. Au début de mes fonctions de responsable d'un externat médico-éducatif, dans les années 1980, j'ai même entendu des éducateurs dénigrer leur propre pratique et se moquer de ceux de leurs collègues qui croyaient aux vertus des apprentissages en les accusant de vouloir transformer les déficients mentaux dont ils avaient la charge en « singes savants ».

psychanalystes rapportent au préconscient. Certains psychiatres ont même encouragé ce mouvement en considérant les activités éducatives et pédagogiques dans les institutions de soins comme des sortes de prothèses méprisables que seule l'insuffisance du nombre de psychothérapeutes pouvait justifier. Du coup, nombreux sont les pédagogues et les travailleurs sociaux à avoir rêvé de devenir thérapeutes afin d'échapper à un travail éprouvant, mal payé et en plus mal considéré. Mais en pratique, cette position n'a fait que renforcer un peu plus leur dépendance aux psychiatres et aux psychologues censés détenir le sens et la compréhension de leurs activités.

Le risque est aujourd'hui qu'avec la résilience, les pédagogues et les éducateurs se détournent une nouvelle fois des véritables ressorts de leurs activités au profit d'une nouvelle illusion thérapeutique. En effet, que nous dit cette approche ? Que de nombreux professionnels du secteur social et éducatif contribuent à être des « tuteurs de résilience ». Mais qui va leur dire s'ils le sont ou pas ? Les psys, bien entendu ! Bref, cette théorie fait courir le risque de maintenir ces catégories professionnelles dans la dépendance du thérapeutique alors qu'elles devraient au contraire faire valoir leurs propres repères. Les démarches éducatives et sociales ont une valeur et une logique indépendantes des activités de soin, et tant qu'elles portent leurs fruits, les psys n'ont ni à les commenter, ni à les interpréter, ni même à s'en mêler. En revanche, aussitôt qu'elles se heurtent à des difficultés – refus d'apprendre, comportement d'échec, opposition systématique à l'adulte censé détenir un savoir, etc. –, le psy doit intervenir. Mais cette situation relève de cas particuliers plus que de la règle.

Un enjeu stratégique pour une nouvelle alliance

Au terme de ce parcours, pouvons-nous mieux comprendre à quoi sert la résilience ? Nous avons vu qu'elle n'est pas un concept clinique puisqu'elle en recouvre plusieurs aussi différents que le clivage et les diverses formes de la symbolisation. Si, à l'autre extrême, nous l'envisageons comme la reconnaissance que des personnes psychiquement traumatisées peuvent avoir une vie sociale et professionnelle réussie, elle n'est guère nouvelle et encore moins opératoire. Bien sûr, c'est ce que le grand public veut en retenir. Mais le succès médiatique du mot est conditionné par le fait de laisser constamment planer le doute entre la réalité de la résistance aux traumatismes – toujours aléatoire, fragile et menacée – et sa fiction médiatique qui fait d'elle une nouvelle esthétique à la portée de tous. En fait, la résilience se présente comme une sorte de diagonale qui invite à revisiter l'ensemble de la clinique avec d'autres yeux. Mais cette diagonale n'est pas seulement exploratoire. Elle partage aussi le paysage qu'elle traverse selon de nouveaux critères. De ce point de vue, l'intérêt du mot est moins clinique que stratégique.

La résilience « à l'européenne » invite à se rapprocher des cognitivistes dans l'impasse – celle de la « boîte noire » –, des systémiciens curieux de psychanalyse mais qui veulent se contenter d'y faire leur marché, et des psychanalystes repentants ou préoccupés de faire passer les défenses du Moi avant la logique de l'Inconscient. Bref, le mot est moins destiné à comprendre autrement les traumatismes et leurs conséquences qu'à opérer un nouveau découpage. À l'opposition traditionnelle entre psychanalyse et sciences cognitives, la résilience invite à en substituer une autre : d'un côté, les psychanalystes privilégiant l'inconscient et le langage, et de l'autre, ceux qui font une large place aux mécanismes du préconscient alliés aux cognitivistes désireux d'éclairer enfin le contenu de la « boîte noire » et d'une mouvance de thérapeutes divers en quête de légitimité...

Bien sûr, la fracture existait depuis longtemps entre les partisans de l'adaptation et ceux qui donnent à l'inconscient la plus grande place. Mais les deux camps ne faisaient que s'opposer l'un à l'autre. Avec la résilience, ceux des psychanalystes qui le désirent sont invités à établir une nouvelle alliance en apportant leur éclairage aux partisans du développement personnel et aux adeptes des théories de l'apprentissage, et cela à un moment où les plus éclairés parmi ceux-ci en reconnaissent la nécessité. Cette alliance n'est peut-être pas une mauvaise chose, et elle s'était d'ailleurs déjà ébauchée dès les années 1970. Le drame est qu'elle se trouve maintenant organisée sous le signe de la confusion, autour d'un mot fourre-tout chargé de connotations esthétisantes et moralisatrices, et dont la charge métaphorique et émotionnelle est condamnée à alimenter des quiproquos sans fin.

Chapitre 8

Échanger nos émotions pour mieux les changer

Les émotions d'un autre nous envahissent parfois au point de créer une confusion sur leur origine. Pourtant, c'est aussi dans le partage que nous identifions celles qui nous appartiennent en propre. Tel est le paradoxe des émotions. L'échange qui nous pousse parfois à confondre celles d'autrui avec les nôtres permet aussi de les distinguer. Mais cela ne se fait qu'à deux conditions. D'abord, il est essentiel que nous disposions d'un interlocuteur qui nous laisse nous familiariser à notre propre rythme avec tout ce que nous avons éprouvé, sans rien en taire. Et ensuite il est capital que le partage muet des sensations et des émotions soit pris en relais par un échange de mots. Dans *La Chartreuse de Parme*, Stendhal évoque le fait que deux personnes irrésistiblement attirées l'une vers l'autre ne reconnaissent leur sentiment commun que « si le mot d'amour est prononcé entre elles ». Il en est de même pour toutes les émotions, à commencer par celles que nous avons tendance à nous cacher à nous-mêmes. Il nous faut les nommer.

Par exemple, après le 11 septembre 2001, beaucoup d'enfants ont d'abord cru que les images qu'ils découvraient sur le petit écran en rentrant de l'école étaient celles d'un film de fiction. Et nombre d'entre eux en ont éprouvé un vif plaisir. Plus tard, bien sûr, ils en ont ressenti de la culpabilité et n'ont pas osé en parler. Ces enfants se comportaient alors souvent comme s'ils étaient insensibles à l'horreur de ces images. Mais c'est parce qu'en essayant de cacher le plaisir qu'ils y avaient d'abord pris, ils s'empêchaient d'évoquer l'angoisse, la colère et la peur qui lui avaient succédé. Et c'est seulement quand un adulte adoptait une attitude bienveillante à l'égard du plaisir pris par ces enfants que ceux-ci retrouvaient la disponibilité de tout ce qu'ils avaient éprouvé à ce moment-là.

Parler de ses émotions permet d'en changer

Si un interlocuteur bienveillant nous est indispensable pour accepter les émotions qui nous font honte, il l'est tout autant pour nous détacher de celles qui ont été déposées en nous par d'autres. C'est un tel auditeur qui a fait longtemps défaut aux enfants victimes de sévices sexuels. Lorsqu'ils tentaient de s'en plaindre, personne ne les croyait et ils étaient même souvent accusés de mensonge ! Les émotions vraies qu'ils avaient éprouvées, comme la colère ou le dégoût, étaient alors enfouies au fond d'eux-mêmes et condamnées à l'oubli, tandis que les émotions qui leur avaient été imposées par leur agresseur, comme la culpabilité, finissaient par leur sembler personnelles.

Mais nous aurions bien tort de croire que la disponibilité d'un interlocuteur attentif ne dépend que du hasard qui le met sur notre route. Il arrive que nous tenions tellement à certaines émotions étrangères qui nous habitent que nous nous arrangeons pour trouver des interlocuteurs qui nous les confirment comme vraies ! Tel était le cas de Jacques.

Cet homme de trente-cinq ans avait pour habitude de s'attrister des succès qu'il rencontrait. En fait, cette attitude avait d'abord été celle de sa mère et il n'avait fait que l'intérioriser précocement. Cette femme avait ensuite évolué, et, une fois Jacques devenu adulte, elle se révélait capable de se réjouir avec son fils de ce qui lui arrivait de positif. Mais Jacques avait si bien intériorisé la première attitude de sa mère qu'elle lui semblait être le parfait reflet de son caractère. Et chacun sait combien le caractère de chacun est chose difficile à changer ! Il ne faut donc pas s'étonner qu'il se soit choisi une première compagne qui partageait ce comportement. Leur couple n'avait finalement pas tenu, et Jacques, quelques années de thérapie plus tard, avait rencontré une nouvelle compagne... très différente de la première. À l'opposé de celle-ci, la seconde femme de Jacques se réjouissait tant et si bien de ce qui lui arrivait de positif qu'il découvrait chaque jour un peu plus l'absurdité du défaitisme qui avait si longtemps dominé son monde intérieur. En le confrontant au caractère étrange de réactions émotionnelles qui ne lui correspondaient au fond pas, elle lui permit de mieux comprendre leur origine et d'en changer. Il en est souvent ainsi. Pour distinguer entre les émotions qui nous appartiennent en propre et les autres, un interlocuteur privilégié est indispensable. Mais c'est souvent parce que nous avons déjà commencé à faire ce tri que nous le rencontrons. À défaut, nous risquons bien de le croiser sans même le voir... Autrement dit, la vie amoureuse et amicale peut constituer un puissant levier d'évolution personnelle, mais elle l'est plus sûrement pour ceux qui mettent d'abord en route ce changement dans une psychothérapie personnelle.

Enfin, la possibilité d'identifier nos émotions n'est pas seulement fonction de la disponibilité de nos proches et de la nôtre, elle dépend aussi de la culture dans laquelle nous baignons. Il est pratiquement impossible de trouver un interlocuteur lorsque ce que l'on a vécu n'est pas censé exister pour la collectivité à laquelle on appartient. Tel a été longtemps le cas du harcèlement moral ou sexuel. Ses victimes ne savaient pas si ce qu'elles ressentaient était légitime ou bien s'il s'agissait d'une sensibilité excessive de leur part à des sollicitations « normales » d'un collègue ou d'un supérieur hiérarchique.

Mais il existe une dernière raison qui rend difficile la reconnaissance de nos propres émotions. C'est lorsque nous rencontrons un interlocuteur trop pressé que nous lui en parlions ! L'histoire de la religieuse du Rwanda qui avait assisté à des massacres avant d'être rapatriée en France en est l'illustration tragique. Comme ses collègues la voyaient préoccupée, elles la pressèrent de questions en croyant l'aider. La pauvre femme tenta d'y répondre mais, sous l'effet de l'angoisse et de la terreur qui l'assaillirent, elle fit une crise cardiaque et en mourut ! Cette histoire est bien entendu extrême, mais la leçon à en tirer est qu'il ne faut jamais forcer personne à parler. Se donner des représentations d'une situation traumatique est la meilleure façon de prendre du recul par rapport à celle-ci, mais cela ne doit jamais être imposé à personne.

Le traumatisme comme un abcès enfoui au fond de soi

Le danger d'un événement émotionnellement fort est qu'il submerge la personnalité. C'est pourquoi, lorsqu'une personne s'est défendue d'un traumatisme en l'enfouissant au fond d'elle, l'obliger à en parler ne fait que l'exposer un peu plus. On s'en est aperçu dans les années 1980, lorsque les premières équipes spécialisées dans les soins psychiatriques d'urgence ont voulu aider les victimes de traumatismes en les contraignant à parler rapidement de ce qu'elles avaient vécu. C'était méconnaître à la fois la nature de ces blessures et celle des émotions. La violence du traitement a redoublé celle des chocs traumatiques de telle façon qu'il est souvent devenu impossible de guérir ceux-ci ! C'est ce qui a été constaté en Israël à la suite du débriefing imposé aux combattants, et en France chez les enfants victimes ou témoins d'agressions sexuelles. Donner la possibilité à chacun de parler des catastrophes qu'il a traversées est la meilleure des choses, obliger quiconque à le faire est la pire. Et la bienveillance des intentions n'y change rien !

En fait, dans le traumatisme, il n'y a pas que les émotions qui soient enfermées dans une sorte de « bulle psychique[1] » : les sensations, les états du corps, les images et fantasmes le sont aussi. Un traumatisme n'est jamais lié seulement à un événement, mais à la façon dont celui-ci est entré en résonance avec notre histoire et notre personnalité. Pour nous représenter ses suites, la métaphore de l'abcès convient assez bien. Le traumatisme ne crée pas un

1. Selon le processus que Nicolas Abraham et Maria Torok ont appelé une « inclusion au sein du Moi » (*op. cit.*).

abcès physique inscrit dans l'anatomie du cerveau, mais une sorte d'abcès psychique, invisible à la radiologie ou au scanner, et qui touche pourtant au fonctionnement même de l'esprit. Entre les deux, les analogies sont nombreuses.

D'abord, l'abcès physique qui se développe parfois dans le cerveau d'un malade peut être inconnu de lui, il n'en réduit pas moins souvent ses possibilités de penser, de raisonner, de sentir et de vivre. C'est pareil pour cette forme d'abcès psychique que représente l'enfermement, à l'intérieur de soi, d'une expérience catastrophique. Il peut être indolore, et pourtant handicaper gravement celui qui en est porteur. D'autres fois, l'abcès psychique crée une souffrance sans que l'origine du mal puisse être précisée. C'est ainsi qu'un enfant sexuellement abusé peut se souvenir avec angoisse de ce qui s'est passé avant son agression (par exemple un regard de l'adulte sur lui) et de ce qui s'est passé après (par exemple une douche), mais pas de l'acte sexuel lui-même qui est comme effacé de sa mémoire. Enfin, un abcès psychique peut être entouré d'un halo de confusion. C'est celle par laquelle la victime a d'abord tenté de se protéger : quand on ne comprend rien à ce qui nous arrive, on risque moins d'en être bouleversé. Mais là encore, la victime n'en est pas quitte pour autant. Chaque fois qu'elle se rapproche en pensée de son traumatisme – que ce soit par une idée, une image ou un sentiment –, elle est saisie par la confusion et plonge dans une sorte de somnolence pour échapper à tout. Il ne faut pas, là non plus, vouloir la pousser trop vite à en sortir.

Mais le plus grave obstacle à la compréhension de nos émotions est que notre interlocuteur nous invite à croire à toutes celles que nous éprouvons ! C'est le cas lorsqu'il nous incite à voir dans ce que nous éprouvons la preuve d'une expérience vécue, alors que nous sommes hantés à notre insu par les émotions d'un autre.

Par exemple, Alexandra était terrorisée par la vue du sexe masculin et par ses mises en scène cinématographiques. Cela ne prouvait pas qu'elle avait été victime d'un abus sexuel. Il s'agissait en fait de la trace en elle d'un viol... commis sur la personne de sa mère. Celle-ci avait imposé à sa fille des mimiques, des gestes et des réflexions qui avaient rendu très problématique pour elle la représentation du sexe masculin. Et en essayant de donner une signification personnelle à des représentations angoissantes et honteuses pour sa mère, la petite fille avait fini par développer une phobie des symboles d'un objet qu'elle ne connaissait pas. Dans une telle situation, le problème n'était pas l'existence d'un abus sexuel sur la fillette, mais l'attachement de celle-ci à sa mère et sa tentative de donner du sens à ce qu'elle pressentait sans le comprendre.

C'est pourquoi, face à un souvenir traumatique que nous croyons retrouver dans notre histoire personnelle, il est toujours préférable d'envisager que l'événement puisse avoir été vécu par un proche plutôt que de croire qu'il l'a forcément été par soi. Il s'agit là de prendre en compte une situation qu'on peut appeler d'« héritage psychique » ou encore de « névrose généalogique ».

Positiver la honte pour ne pas en mourir

Sur le chemin de l'acceptation de nos émotions, une difficulté particulière concerne la honte. Le 25 janvier 2005, le chancelier Gerhard Schröder a exprimé la sienne aux victimes et aux survivants des camps nazis. Quelques mois plus tôt, dans une petite ville de France, le père d'une adolescente s'était suicidé après avoir découvert que sa fille était victime de viols collectifs répétés. Il n'avait pas supporté la honte de cette situation. Quelle relation entre ces deux événements ? Apparemment aucune : l'un est une catastrophe planétaire qui a fait des millions de victimes, l'autre un fait divers dramatique. Pourtant, dans les deux cas, la difficulté est la même : dépasser la honte.

Pour y parvenir, Gerhard Schröder a choisi de la nommer. Ce n'est pas facile. Il n'a pas dit : « J'ai honte », ni « C'est la honte », comme le font aujourd'hui volontiers les adolescents. Il a usé d'une périphrase : « Je veux ici dire ma honte... » Son annonce publique était destinée aux victimes, « aux assassinés comme à ceux qui ont échappé à l'enfer des camps ». Nommer la honte est non seulement important pour l'identifier, mais aussi pour lui assigner une place dans notre passé. Car elle peut alors être envisagée comme une aspiration à un changement dans l'avenir. Dire la honte est la condition pour ne pas l'oublier afin de penser et de vivre différemment.

La honte du nazisme fait aujourd'hui définitivement partie de l'histoire de l'Allemagne tout comme celle de ne pas avoir su protéger son enfant fait à tout jamais partie de l'histoire d'un parent ou d'une famille. Cela ne veut pas dire que la honte ne puisse pas être dépassée. C'est même le contraire. C'est parce que la honte est nommée et rapportée à un événement précis qu'il devient possible de porter un regard différent sur sa vie, ses proches et les valeurs auxquelles on croit, et de prendre un nouveau départ. Identifier et nommer la honte, c'est faire en sorte qu'elle cesse d'être un vertige morbide pour devenir un appel à la renaissance.

La honte non dite accompagne le glissement vers une indignité toujours croissante, tandis que la honte revendiquée constitue le plus sûr rempart contre ce risque. C'est en ce sens que Marie Cardinal, en proie à l'angoisse de perdre la raison, a pu écrire : « J'avais honte de ce qui se passait à l'intérieur de moi, de ce charivari, de ce désordre, de cette agitation, et personne ne devait savoir, pas même le docteur. J'avais honte de ma folie [1]. » La honte de la folie n'est justement pas la folie, mais l'ultime rempart contre l'envahissement de la personnalité par sa partie folle.

La prise à témoin est une étape capitale sur le chemin qui nous permet de changer de regard sur la honte, comme elle l'est pour toutes les autres émotions. Celui qui nomme ce qu'il éprouve devant un tiers transforme les représentations qu'il a de lui-même et celles que les autres ont de lui. Et c'est d'autant plus important que si nous ne le faisons pas, ce sont ceux qui n'éprouvent ni honte ni regret qui risquent d'évoquer ce dont nous n'arrivons pas à parler. La situation est arrivée en France avec les récentes confidences d'un ancien tortionnaire d'Algérie [2]. Si on sanctionne ceux qui parlent en refusant d'admettre la honte, et que ceux qui l'éprouvent préfèrent se taire, comment la mémoire des événements tragiques se constituera-t-elle ?

La seule solution consiste dans le fait que ceux qui vivent la honte d'avoir accompli certains actes la revendiquent comme une composante de leur histoire qu'ils veulent regarder en face. On parle beaucoup, aujourd'hui, de

1. Marie Cardinal, *Les Mots pour le dire*, Paris, Grasset, 1975.
2. Le général Aussaresses, dans ses mémoires : *Services spéciaux en Algérie, 1956-1957*, Paris, Perrin, 2001.

« travail de mémoire » sans se rendre compte que son principal obstacle n'est pas d'ordre cognitif, mais émotionnel : ce qui l'entrave, ce n'est pas l'ignorance, mais l'angoisse de réveiller des hontes enfouies. La reconnaissance de celles-ci est pourtant indispensable si nous voulons donner à ces événements la place qui est la leur dans nos diverses histoires – individuelle, familiale et sociale – afin qu'ils ne se répètent jamais. Nous souvenir de nos hontes, les revendiquer et les assumer est la seule façon d'éviter qu'elles ne retombent un jour sur nos enfants.

Rétablir le dialogue émotionnel perdu

Ceux qui ont eu recours à l'anesthésie émotionnelle pour se protéger contre un traumatisme grave ont besoin qu'on les accompagne à chacune des étapes du chemin, sans heurts ni à-coups. Ils doivent réapprendre à s'émouvoir sans danger, un peu comme un enfant avec un parent bienveillant et chaleureux, et reconstruire les bases d'un dialogue émotionnel intériorisé.

Cela se passe parfois avec un proche qui nous révèle une émotion à notre insu. Il nous dit par exemple : « Tu as l'air en colère – ou triste – aujourd'hui », et nous sommes obligés de reconnaître que c'est vrai. Pour cela, il a dû évidemment ressentir notre propre émotion et se la formuler avec des mots. Nous avons tous, à un moment ou à un autre, besoin de cela. De ce point de vue, nous sommes tous restés des nourrissons ! À la différence que, parfois, un dialogue intérieur suffit à cette confirmation. Par exemple, je me dis : « Mais qu'est-ce que j'ai ce matin ? », et je m'entends me répondre : « Quelque chose a dû m'angoisser hier soir. » Je peux aussi ajouter en mon for intérieur : « Ah oui, je me souviens, ce n'était pas de l'angoisse. Quelque chose m'a énervé. Ce qu'a dit mon mari (ou mon fils, ou ma femme...) m'a vraiment mis en colère ! » Mais pour arriver à mettre en place un tel dialogue intériorisé, il faut d'abord avoir bénéficié d'un échange similaire régulier avec un interlocuteur réel, attentif et bienveillant.

Cet échange n'a pas forcément été verbalisé. Les émotions partagées peuvent rester implicites, l'important est qu'elles soient éprouvées. De nombreux thérapeutes de toutes obédiences adoptent cette attitude. Quand un de leurs patients évoque avec émotion un événement de son passé ou de son présent, ces thérapeutes se manifestent par un acquiescement comme « Oui » ou « Hum », ou encore par un signe de la tête [1]. L'important est toujours de montrer que le thérapeute est capable d'éprouver ce que le patient est en train de vivre en se laissant toucher par lui et en prononçant éventuellement des phrases qui le touchent, c'est-à-dire qui s'adressent à son cœur autant qu'à son esprit [2].

Pour y parvenir, les thérapeutes apprennent à bien distinguer le processus par lequel nous nous protégeons des drames que nous avons vécus – à savoir le clivage – de celui par lequel nous écartons de notre conscience les pensées qui nous culpabilisent – que les psychanalystes appellent le refoulement. Dans le second de ces mécanismes, les émotions écartées pour cause de culpabilité font en général

1. Stern, D., *Le Moment présent en psychothérapie, un monde dans un grain de sable*, Paris, Odile Jacob, 2003.

2. L'interdit du toucher corporel, qui est une règle importante de nombreuses situations thérapeutiques, me semble en revanche devoir être maintenu. Mais c'est pour donner plus de force encore à ces moments de partage émotionnel.

retour à la conscience sous une autre forme. C'est ainsi que nous pouvons nous énerver contre un placard qui ne ferme pas ou contre notre voiture qui démarre mal parce que nous nous interdisons de reconnaître notre agressivité contre une personne qui nous est par ailleurs chère : l'agressivité non reconnue contre celle-ci réapparaît contre cet objet. Au contraire, dans le clivage, les représentations, les émotions et les états du corps liés à des traumatismes vécus sont enfermés dans une sorte de « bulle » à l'intérieur de la personnalité. Celui qui a mis en place un tel clivage réagit ensuite aux traumatismes nouveaux auxquels il est confronté par la loi du tout ou rien. Soit il n'éprouve rien parce que la « bulle » n'est pas ébranlée par la situation. Soit l'événement nouveau entre en résonance avec le contenu de la « bulle » et il éprouve à l'identique ce qu'il avait éprouvé lors du traumatisme initial. C'est ce qu'on voit dans le film de Rithy Panh intitulé *S 21, la machine de mort khmère*. Les bourreaux d'un camp d'extermination parlent d'abord sans émotion des tortures qu'ils ont fait subir à des prisonniers. Puis le réalisateur leur demande de mimer les gestes qu'ils ont accomplis dans ces moments-là, et cela les conduit à ressentir exactement, quelques instants durant, les émotions qu'ils éprouvaient jadis. Une telle capacité est caractéristique du processus du clivage et on ne la rencontre jamais dans le refoulement.

Une variante consiste dans la manière dont un patient retrouve parfois le chemin d'émotions dramatiques qu'il a vécues en les faisant éprouver d'abord à un autre. Par exemple, un adulte qui a été un enfant terrorisé se met à tourmenter son thérapeute. Il est alors essentiel de lui formuler *explicitement* qu'il s'agit d'un effort de sa part pour que son interlocuteur puisse le comprendre « de l'intérieur[1] ». Mais si de telles situations constituent des écueils qu'il faut savoir lever, elles sont heureusement rares.

En tout cas, un thérapeute ne se comporte pas de la même façon selon que les émotions cachées ont été refoulées ou clivées. Dans le premier cas, c'est la levée de la culpabilité par l'interprétation qui tient la clé. Dans le second, c'est la reconstruction du dialogue émotionnel brisé par le traumatisme, à la rencontre des émotions perdues.

Renforcer les berges pour canaliser les émotions

Si je dis que l'essentiel est de permettre à celui qui a vécu un traumatisme dans son passé de s'y confronter dans son avenir, le lecteur pensera sans doute que c'est un lapsus ! Pourtant, rappelons-nous l'histoire de John Marcher, le héros de Henry James[2]. La particularité du clivage est que la catastrophe qui a eu lieu n'est subjectivement jamais arrivée au sens où elle n'a jamais été vécue et reconnue dans ses diverses composantes. C'est pourquoi la première condition pour que quelqu'un puisse se confronter un jour à un drame passé est de le préparer à s'y confronter dans l'avenir, de telle façon que cela ne constitue pas pour lui un nouveau traumatisme.

Pour y parvenir, il faut un véritable entraînement. Tout comme le corps a besoin de se familiariser progressivement avec l'effort avant d'envisager de réaliser des performances, le système psychique doit apprendre à faire face à des bles-

---

1. Tisseron, S., *La Honte, op. cit.*
2. Voir chapitre 1.

sures minimes avant de se confronter à des traumatismes graves. Cette constatation a conduit des psychanalystes à « soigner » les facultés d'association, de liaison et de contenance des personnes traumatisées [1]. Ce sont en effet ces aptitudes qui permettent, le moment venu, d'évoquer un traumatisme sans pour autant le répéter. Cela demande du temps et nécessite souvent de se confronter d'abord à des perturbations émotionnelles relativement anodines, puis à d'autres de plus en plus importantes.

De ce point de vue, il est bien utile de s'habituer à parler de nos émotions face aux divers spectacles d'images qui nous entourent. Cela nous permettra d'évoquer plus facilement, le jour venu, des situations personnelles graves. C'est seulement après ce travail préparatoire qu'on peut courir le risque de « sortir » les traumatismes passés des placards où on les avait primitivement enfermés, et de se confronter aux sensations, aux émotions, aux états du corps et aux fantasmes qu'il avait été impossible d'élaborer alors.

Pour le thérapeute, il s'agit de se comporter pendant tout ce temps un peu comme un accoucheur : ne pas être pressé de voir sortir le bébé et laisser le travail se faire. En pratique, le mieux, pour y parvenir, est de se concentrer sur les phases successives de ce labeur, ses succès et ses difficultés, sans jamais préjuger de ce qui en résultera. Sou-

---

1. Anna Freud a été la première à s'intéresser à ces mécanismes sous le nom de « processus secondaires » (*Le Moi et les Mécanismes de défense*, Paris, PUF, 1949). Plus tard, Winnicott a parlé de la création d'une « aire d'illusion » (*op. cit.*), tandis que Didier Anzieu a proposé de penser les diverses fonctions du Moi qu'il s'agit de renforcer à partir du modèle des processus régulateurs dévolus à la peau dans la sphère somatique (*op. cit.*).

ligner la réticence à évoquer certaines choses, l'angoisse d'être débordé par des émotions incontrôlables, ou encore insister sur le fait qu'« on a le temps » et qu'« il ne faut rien précipiter ». Tel est le meilleur accompagnement qu'on puisse prodiguer : mettre des mots sur le processus de réinvestissement progressif des émotions sans jamais nommer le désastre initial qui a provoqué l'anesthésie affective. Et cela même s'il nous est connu parce que le patient l'a énoncé lors de sa première séance. Nous aurions bien tort de lui rappeler ce qu'il nous a dit au début car c'est d'une tout autre façon qu'il l'évoquera à la fin. La preuve en est que quand un traumatisme est évoqué pour la première fois, c'est en général sans émotion à cause du clivage. Personne, en revanche, ne peut savoir quand et comment il sera évoqué à la fin.

Il est donc fréquent qu'un traumatisme grave mis en avant par un patient lors de sa première séance ne soit plus évoqué ensuite pendant des années. Ce temps lui est nécessaire pour construire, progressivement, les processus psychiques qui lui permettront, le moment venu, de s'y confronter. Le psychanalyste débutant qui voudrait obliger son patient à « regarder en face » un traumatisme passé aurait toutes les chances de provoquer une catastrophe ! Il faut parfois non seulement savoir attendre, mais même conseiller au patient d'apprendre à le faire. Le temps est une valeur maîtresse du travail psychique. Ce serait même nuire gravement à la liberté d'un patient que de brûler les étapes à sa place et lui imposer le moment et la forme de cette découverte. Ce serait lui prescrire, pour le coup, des émotions étrangères à sa propre vie psychique ! Risquons une métaphore : plutôt que d'ouvrir les vannes du torrent qui a failli un jour emporter un patient, il faut renforcer avec lui les berges qui lui permettront de le canaliser[1]. Le reste, c'est son affaire !

Sur ce chemin, les figures secourables sur lesquelles chacun a pu s'appuyer un jour sont particulièrement utiles. Par exemple, un homme avait appris qu'à l'âge d'un an et demi, ses parents l'avaient confié à une voisine pendant une longue absence. Il s'était mis à aller très mal jusqu'à ce que la fille de la maison, alors adolescente, s'occupe de lui d'une manière qui lui redonne goût à la vie. Ou encore, une femme avait été placée en internat alors qu'elle était encore un bébé parce que sa mère était partie accoucher d'un second enfant. Cette femme s'était alors repliée sur elle-même, probablement désespérée d'un abandon qu'elle vivait comme définitif. Heureusement, une jeune nurse d'origine italienne s'était prise d'affection pour elle. C'était tout au moins ce que la mère de cette femme lui avait raconté bien plus tard. Or ce récit s'est avéré constituer un levier essentiel pour l'aider à reprendre goût à la vie. Il a éclairé l'un de ses comportements jusque-là incompréhensible : quand cette femme se sentait déprimée, elle partait en Italie, et là elle « goûtait » les sonorités de la langue, selon sa propre expression. On imagine facilement que la jeune nurse qui s'était prise d'affection pour elle lui avait parlé en italien, et sans doute même lui avait-elle chanté des chansons dans cette langue. C'est ainsi que les sonorités italiennes s'étaient mises à jouer pour cette femme un rôle réconfortant.

Ce fragment d'enfance, qu'elle prit ensuite l'habitude de se remémorer régulièrement, l'aida plus tard à surmonter

1. Bien sûr, il existe, dans tout traumatisme un reste impossible à symboliser parce que le corps et des couches inaccessibles du psychisme y sont engagés, mais cela ne veut pas dire qu'il faille renoncer à se donner toutes les chances de le réduire.

d'autres crises. Pendant longtemps, cette femme avait été aidée par la musique de la langue italienne sans savoir pourquoi. Elle le fut mieux encore lorsqu'elle en comprit la raison.

Quand les images partagent les émotions

La métaphore est cette figure de la langue par laquelle une idée abstraite prend soudain une forme concrète à travers la formulation d'une courte mise en scène. Par exemple, si je dis à quelqu'un qui se plaint de manquer sans cesse de temps : « Tu te demandes comment desserrer l'étau », je lui fournis une métaphore visuelle de ce qu'il ressent. En faisant cela, je lui montre que j'ai si bien compris son état que je suis capable de lui en donner une image. C'est *mon* image – c'est moi qui la fournis – mais c'était initialement *son* état émotionnel. En ce sens, cette image est une construction partagée : j'en suis le réalisateur, il en a été l'inspirateur. Et qu'est-ce qui pourrait mieux soutenir une émotion partagée qu'une construction partagée ?

De la même façon, si je dis à quelqu'un qui s'efforce de retrouver dans sa mémoire le souvenir d'un traumatisme enfoui : « Vous avez envie d'utiliser les forceps », je lui propose une image dans laquelle nous pouvons nous retrouver tous les deux, lui parce qu'il vit cette situation de l'intérieur, et moi parce que je la comprends suffisamment pour lui en proposer une métaphore. Autrement dit, ces images partagées font plus que permettre de ressentir ensemble. Elles constituent une manière de « faire ensemble ». Il ne s'agit pas d'une action physique, mais d'une action à la fois mentale et affective. Le « faire ensemble » de l'image échangée est un chemin accompli à deux et, à ce titre, il renforce le sentiment de l'intersubjectivité et du partage émotionnel.

Mais il existe une seconde raison pour laquelle les métaphores jouent un rôle important par rapport aux émotions. C'est que, indépendamment de son contenu, toute métaphore est une sorte de « condensé » de tous les moyens dont nous disposons pour faire face à un traumatisme. Ces moyens sont au nombre de trois. Dans un premier temps, l'expérience se manifeste sous la forme de sensations diffuses et d'images sensori-motrices et viscérales. Dans un deuxième temps, elle se précise sous la forme d'images visuelles. Enfin, dans un troisième temps, la pensée logique et la réflexion traduisent ces données dans un compte rendu verbal. Quand la métaphore intervient, c'est alors dans un quatrième temps, pour refaire le chemin en sens inverse, mais sans rien perdre de ce qui a été acquis entre-temps. La métaphore verbale utilise en effet le langage, mais c'est pour tenter de se rapprocher au plus près des images sensori-motrices par lesquelles l'expérience s'est d'abord fait connaître à la conscience [1].

Nous voyons que les métaphores verbales tirent leur effet thérapeutique de ce qu'elles peuvent faire lien de deux façons complémentaires. Elles font d'abord lien entre les personnes en constituant des formes de création partagée. Et d'un autre côté, elles font lien, en chacun d'entre nous, entre les expériences sensorielles, les images et les mots.

Cette approche de la métaphore apporte beaucoup à la compréhension de la gestion des traumatismes. Rappelons

1. Voir Tisseron, S., *Psychanalyse de l'image, des premiers traits au virtuel*, Paris, Dunod, 1995.

que, pour Freud, l'important était de se souvenir des circonstances de ceux-ci, et le psychanalyste devait y aider grâce à des interprétations. Mais au même moment, un contemporain de Freud, Sándor Ferenczi, insistait sur un autre aspect des choses. Pour lui, l'essentiel était que le patient éprouve, au cours de son traitement, les émotions qu'il avait tenues à l'écart au moment de son traumatisme [1]. C'est ainsi que Ferenczi a posé les premières bases de compréhension du clivage : si quelque chose a pu être « vécu » sans être « éprouvé », c'est parce que la personnalité s'est coupée en deux pour éviter d'être totalement détruite par le choc, et il faut favoriser le rapprochement de ces deux morceaux. Mais, sur ce chemin, une difficulté se fait souvent jour : quiconque a connu un jour le risque d'être submergé par un raz de marée émotionnel craint de l'être à nouveau au cas où il s'y confronterait en pensée.

Pour dépasser cette difficulté, ces personnes ont besoin d'utiliser des sortes de médiateurs émotionnels qui s'interposent entre leurs traumatismes et eux. Les métaphores en constituent justement un. Elles leur permettent de s'en donner des images suffisamment proches pour en remettre le souvenir sur le métier, et en même temps assez éloignées pour ne mobiliser qu'une partie seulement des émotions qu'elles y ont éprouvées. Par rapport aux traumatismes, l'important n'est peut-être pas tant de se souvenir, comme le pensait Freud, ni même d'éprouver enfin la catastrophe ancienne comme le prônait Ferenczi. Ce pourrait bien être de s'en donner une image. Non pas une image réaliste – nous serions alors encore dans le domaine de la reconstitution –, mais une *métaphore partagée*.

---

1. Ferenczi, S., *Psychanalyse 4, Œuvres complètes, tome IV : 1927-1933*, Paris, Payot, 1982.

Conclusion

Ceux qui croient que leurs émotions reflètent leur identité profonde ont décidément bien tort. La preuve : Untel se croit triste et découvre un jour que c'est la dépression de son père enfouie au fond de lui qui l'assombrit. Tel autre redoute constamment d'être abandonné par sa femme pour se rendre finalement compte que le risque n'est pas devant lui, mais dans son passé, et que c'est une mère distraite ou un grand-père décédé qui en est la cause. Et un autre encore craint qu'il lui arrive un événement grave jusqu'à ce qu'on lui révèle que le drame en question est déjà survenu à une génération précédente.

Cela ne doit pas nous inquiéter, bien au contraire ! Reconnaître cette caractéristique des émotions nous rend plus libres. Beaucoup d'entre elles sont en effet comme des appartements meublés dont nous aurions la libre disposition et que nous aurions fini par confondre avec des propriétés personnelles. Il n'y a aucune raison pour que nous refusions de les habiter pour autant que nous y trouvons notre compte, mais rien ne justifie non plus que nous nous battions pour en défendre l'agencement ou le mobilier. Ils n'ont rien à voir avec nos choix personnels... même si nous avons fini par y ancrer solidement nos habitudes.

De la même façon, nous sommes beaucoup trop enclins à croire que les émotions que nous ressentons sont nôtres pour la seule et simple raison que nous les côtoyons depuis longtemps. « Eh oui, moi, je réagis comme ça », disons-nous parfois. Mais sommes-nous certains qu'il s'agisse bien de « nous » et pas d'un autre installé au cœur de notre personnalité à notre insu ? Cette « identité profonde » dont nous nous targuons, ce « rapport authentique » au monde qui serait l'expression de notre subjectivité, qui nous prouve qu'il ne s'agit pas des états d'âme d'un coucou caché dans notre nid ? Vouloir « faire confiance à ses émotions » mène souvent droit à l'impasse. Nous nous privons de la possibilité de les interroger et de questionner leur origine.

Cette erreur est particulièrement dramatique dans le cas des émotions qui nous paraissent constituer la seule trace de situations traumatiques dont nous aurions perdu la mémoire. Nous sommes toujours tentés de voir dans les émotions et les états du corps qui les accompagnent la preuve de l'événement qui serait à leur origine. Pourtant, la certitude émotionnelle d'un traumatisme vécu n'est jamais un guide absolu pour prouver celui-ci. En fait, une telle conviction prouve bien qu'un traumatisme a eu lieu... mais pas forcément celui que nous croyons. Lorsqu'une personne pense avoir vécu un drame – ou même lorsqu'elle craint de le vivre dans l'avenir –, cette inquiétude prouve souvent la réalité de l'événement, mais sans qu'on puisse affirmer à quel moment il s'est produit, qui y a été impliqué ou même sa nature exacte.

En effet, toute notre vie émotionnelle s'organise autour d'une double dynamique. D'un côté, il y a les émotions que nous nous construisons en relation avec nos préoccupations personnelles, et de l'autre celles que nous avons d'abord éprouvées sur commande ou par proximité. Et le problème est que les secondes se répètent en nous sans aucune indication de leur origine, de telle sorte qu'elles sont facilement confondues avec les premières. C'est ce qui explique les situations bizarres dans lesquelles une personne confond une histoire de famille avec un drame intime. Par exemple, un jeune homme craint de séduire une mineure et s'aperçoit finalement que c'est son père qui l'a fait [1] ; une adolescente imagine avoir été violée alors que c'est sa mère qui l'a été [2] ; un adulte est terrorisé par le risque de blesser gravement son conjoint s'il s'abandonnait à sa colère, jusqu'à ce que son père lui révèle que c'est ce qui est arrivé à son grand-père ; ou encore une jeune femme se panique à l'idée d'être jetée en prison sans rien avoir à se reprocher, avant de découvrir que sa grand-mère maternelle a été emprisonnée après la guerre pour fait de collaboration [3].

Que nous nous interrogions sur les drames enfouis de notre histoire personnelle ou sur ceux de notre famille, le mieux est donc de toujours préférer une formulation générale aux questions trop précises. Nous pouvons dire par exemple : « J'ai l'impression que dans notre famille, il y a eu un jour un drame, et que cela a dû s'accompagner d'émotions terribles, comme une haine ou une honte indicibles. » Une telle formulation présente plusieurs avantages. Tout d'abord, « un jour » signifie que la génération en cause ne peut être précisément identifiée. Ensuite, parler de « drame »

1. Comme dans le cas de Marc (voir chapitre 5).
2. Comme dans le cas de Monique (*ibid.*)
3. Dintrich, C., *Autopsie d'un fantôme*, Paris, L'Harmattan, 2004.

sans autre précision permet de maintenir l'indécision sur l'identité des protagonistes, qui peuvent être des membres de notre famille, mais aussi un enseignant, un éducateur, un proche. Enfin, évoquer « la honte, la haine ou l'angoisse... » laisse planer le flou sur l'émotion initialement mise en jeu. Cette façon de formuler les choses peut paraître bien générale, elle est pourtant la seule utile. Elle présente l'avantage de laisser la porte ouverte sur la multiplicité des causes possibles d'une émotion étrangère à notre propre vie et sur les diverses générations qui peuvent y être impliquées.

Il ne s'agit pas pour autant de renoncer aux questions que nous pouvons nous poser à nous-mêmes et encore moins à celles que nous pourrions poser à nos proches. Ces questions sont nécessaires pour tenter de combler les blancs de notre enfance comme les silences de notre entourage. Mais les demandes adressées à notre famille n'ont pas pour objectif de découvrir quelque secret censé détenir la clé de notre relation au monde, comme c'est souvent le cas dans les approches psychogénéalogiques. Et nos interrogations sur nous-mêmes ne signifient pas que nous nous détournions de la réalité pour nous intéresser aux seuls « fantasmes », comme le voulait la psychanalyse traditionnelle. Le but est de connaître notre histoire familiale afin d'augmenter nos chances de nous poser les bonnes questions ; et, en nous connaissant mieux, d'utiliser plus efficacement les informations que nous possédons.

Les émotions sont ainsi la clef – jusqu'ici bien négligée – de la plupart des phénomènes improprement qualifiés de « transmission de la vie psychique entre les générations ». Elles tirent ce pouvoir de la double place qu'elles tiennent dans notre existence. D'un côté, elles participent à la symbolisation, par chacun, de son histoire personnelle et, d'un autre, elles témoignent de l'intériorisation, plus ou moins brutale et involontaire, des états affectifs de ceux que nous avons côtoyés. Il ne faut évidemment pas attendre de ces émotions étrangères qu'elles se dénoncent comme telles. Elles font au contraire tout pour paraître légitimes ! En revanche, leur caractère excessif, répétitif et tyrannique trahit souvent leur origine et doit nous mettre sur la voie.

Sitôt reconnu le caractère trompeur de l'une de ces émotions, le désengagement émotionnel constitue une manifestation majeure de notre liberté. Il permet de renoncer à des émotions que nous avons pu longtemps croire nôtres alors qu'elles nous avaient été initialement prescrites ou que nous les avions intériorisées par proximité. Envisager de se désengager ne veut pas dire ne pas s'engager. C'est même le contraire. Pour connaître, il faut s'engager, mais une fois franchi ce premier pas, on peut choisir chaque jour de s'engager un peu plus... ou de se désengager. On a beaucoup mis l'accent, ces dernières années, sur l'affiliation et sur l'appartenance. Il est temps de faire l'éloge de la désaffiliation et de la désappartenance. L'apprentissage du doute vis-à-vis de nos émotions en est la clef : il incite à distinguer entre celles qui nous appartiennent vraiment et celles qui témoignent, à l'intérieur de nous, de l'influence indue d'un autre.

Telle est la condition pour oser l'« irrévérence avec ses fantômes », comme l'écrit Souâd Belhaddad, et pour « narguer la culpabilité, transfuser ses certitudes et crapahuter avec celle, enchanteresse, que le destin n'est pas une tyrannie, mais un choix [1] ».

---

1. Belhaddad, S., *Entre deux Je – Algérienne ? Française ? Comment choisir ?*, Paris, Mango, 2001.

Table

DU MÊME AUTEUR

Aux Éditions Albin Michel

Comment Hitchcock m'a guéri. Que cherchons-nous dans les images ?, 2003

Aux Éditions Aubier

Tintin chez le psychanalyste, 1985
La Bande dessinée au pied du mot, 1990
Tintin et les secrets de famille, 1992 (1re éd. Séguier, 1990)
Y a-t-il un pilote dans l'image ?, 1998
Comment l'esprit vient aux objets, 1999
Petites mythologies d'aujourd'hui, 2000

Aux Éditions Dunod

La Honte, psychanalyse d'un lien social, 1992
Psychanalyse de l'image, des premiers traits au virtuel, 1995
Le Psychisme à l'épreuve des générations, 1996 (ouvrage dirigé par Serge Tisseron)

Chez d'autres éditeurs

Psychanalyse de la bande dessinée, PUF, 1987 (rééd. Flammarion, 2000)
Hergé, Seghers, 1987
L'Érotisme du toucher des étoffes, Séguier, 1978 (en collaboration avec Yolande Papetti)
Clérambault, psychiatre et photographe, Les Empêcheurs de tourner en rond, 1990 (en collaboration avec Mounira Khemir)
Tintin et le secret d'Hergé, Presses de la Cité, 1993

Le Bonheur dans l'image, Les Empêcheurs de penser en rond, 1996
Le Mystère de la chambre claire, Les Belles Lettres (rééd. Flammarion, 1999)
Secrets de famille, mode d'emploi, Ramsay, 1996 (rééd. Marabout, 1997)
Du bon usage de la honte, Ramsay, 1998
Nos secrets de famille, histoires et mode d'emploi, Ramsay, 1999
Enfants sous influence, les écrans rendent-ils les jeunes violents ?, Armand Colin, 2000
L'Intimité surexposée, Ramsay, 2001 (Prix du livre de Télévision, rééd. Hachette Littératures, 2002)
Les Bienfaits des images, Odile Jacob, 2002

Bandes dessinées

Histoire de la psychiatrie en bande dessinée, Savelli, 1978
Les Oreilles sales, Les Empêcheurs de penser en rond, 1994
Bulles de divan, Calmann-Lévy/Ramsay, 2001
Journal d'un psychanalyste, Calmann-Lévy/Ramsay, 2003

Livres de photographies

Nuages/Soleil (avec des photographies de Bernard Plossu), Marval, 1994
D'air en air (avec des photographies de Catherine Noury), Filigranes Éditions, 1995
Toi et Moi (avec des photographies de Claude Nori), En Vues, 1999

CHEZ LE MÊME ÉDITEUR

Claude Allard
L'Enfant au siècle des images

Gérard Bonnet
Défi à la pudeur. Quand la pornographie devient l'initiation sexuelle des jeunes

Patrick Delaroche
La Peur de guérir

Fernando Geberovich
No satisfaction. Psychanalyse du toxicomane

Jean-Marie Jadin
Côté divan, côté fauteuil. Le psychanalyste à l'œuvre

Pr Daniel Marcelli
La Surprise, chatouille de l'âme
L'Enfant, chef de la famille

Ouvrage collectif dir. par Patrice Huerre et François Marty
Cannabis et adolescence. Les liaisons dangereuses

Serge Tisseron
Comment Hitchcock m'a guéri. Que cherchons-nous dans les images ?

Dr Alain Gérard
Du bon usage des psychotropes. Le médecin, le patient et les médicaments

Composition Nord Compo
Impression : Imprimerie Floch, novembre 2005
Éditions Albin Michel
22, rue Huyghens, 75014 Paris
www.albin-michel.fr
ISBN : 2-226-15994-0
N° d'édition : 24030. – N° d'impression : 64302
Dépôt légal : septembre 2005
Imprimé en France.